Interkulturalität und Mehrsprachigkeit in den Schulen im Donauraum

Viktoria Ilse / Indira Suresh / Marco Winkler (Hrsg.)

# Interkulturalität und Mehrsprachigkeit in den Schulen im Donauraum

PETER LANG
EDITION

**Bibliografische Information der Deutschen Nationalbibliothek**
Die Deutsche Nationalbibliothek verzeichnet diese Publikation
in der Deutschen Nationalbibliografie; detaillierte bibliografische
Daten sind im Internet über http://dnb.d-nb.de abrufbar.

Baden-
Württemberg
Stiftung

WIR STIFTEN ZUKUNFT

Gefördert von der BW STIFTUNG Baden-Württemberg


Gedruckt auf alterungsbeständigem,
säurefreiem Papier.

ISBN 978-3-631-67697-4 (Print)
E-ISBN 978-3-653-07188-7 (E-PDF)
E-ISBN 978-3-631-70379-3 (EPUB)
E-ISBN 978-3-631-70380-9 (MOBI)
DOI 10.3726/978-3-653-07188-7

© Peter Lang GmbH
Internationaler Verlag der Wissenschaften
Frankfurt am Main 2016
Alle Rechte vorbehalten.
Peter Lang Edition ist ein Imprint der Peter Lang GmbH.

Peter Lang – Frankfurt am Main · Bern · Bruxelles ·
New York · Oxford · Warszawa · Wien

Diese Publikation wurde begutachtet.

www.peterlang.com

Stefan Jeuk

# Grußwort

Die Donau fließt durch die Länder Deutschland, Österreich, die Slowakei, Ungarn, Kroatien, Serbien, Rumänien, Bulgarien und die Ukraine. Zum so genannten Donauraum gehören außerdem noch die Länder Tschechien, Slowenien, Bosnien-Herzegowina, Moldawien und Montenegro. Die Donau markiert die Grenze zwischen mehreren Ländern und verbindet, wie kein anderes Gewässer, wichtige Kulturregionen Europas. In vergangenen Jahrhunderten war dieser Fluss ein wichtiges Bindeglied zwischen Mittel- Ost- und Südeuropa, im so genannten ‚Kalten Krieg' zog sich der ‚Eiserne Vorhang' mitten durch diese Verbindung und trennte, was seit Jahrhunderten durch vielfältige Beziehungen miteinander verbunden gewesen war. Dies hat sich zum Glück geändert. Durch die Aufnahme vieler der osteuropäischen Länder in die EU kann an Verbindungen in der Geschichte angeknüpft werden. Befragt man jedoch Studierende aus Deutschland, was sie über die Länder des mittleren und östlichen Donauraums wissen, wie ihre Verbindungen in den Donauraum sind oder welche Perspektiven sich aus der Aufnahme dieser Länder in die EU ergeben, stellt man schnell fest, dass fundiertes Wissen oder gar Kenntnisse über diese Regionen nicht weit verbreitet sind. Eine Ausnahme stellen Studierende dar, deren Eltern oder Großeltern in den Jahren nach dem 2. Weltkrieg nach (West-)Deutschland gekommen waren. Ihre Vorfahren hatten als Siebenbürger Sachsen, als Donauschwaben, als Banater oder Sathmarer Schwaben oder als Sudetendeutsche teilweise über Jahrhunderte als deutschsprachige Minderheit friedlich mit anderen Sprachgemeinschaften zusammengelebt. Diese wechselvolle Geschichte nahm allerdings zur Mitte des letzten Jahrhunderts, ausgelöst durch die nationalsozialistische Gewaltherrschaft, in vielen ein unheilvolles Ende, das teilweise die Verständigung zwischen den Regionen auch heute noch erschwert.

Die Donauraumstrategie der EU nimmt diese Region in den Fokus. Die Baden-Württemberg Stiftung knüpft mit ihrem Programm *Perspektive Donau* daran an und hat unter anderem zum Ziel, Menschen aus den beteiligten Regionen in Kontakt zu bringen, das gegenseitige Kennenlernen zu fördern und so auch zur Europäischen Verständigung beizutragen. Vor dem Hintergrund der bewegten Geschichte, an denen die Sprachminderheiten ihren Anteil hatten, gibt es in vielen beteiligten Ländern Anknüpfungspunkte, denn in vielen der beteiligten Länder gibt es Bezüge zu deutschen Traditionen und Kulturen, die auf der Grundlage einer Verständigung und Partnerschaft auch zur Keimzelle neuer Verbindungen werden können.

Wie diese Verbindungen geschaffen werden können, zeigen Viktoria Ilse, Indira Suresh und Marco Winkler mit dem von der Baden-Württemberg Stiftung geförderten Projekt *Interkulturalität und Mehrsprachigkeit in den Schulen im Donauraum*, dessen Ergebnisse in diesem Band vorgestellt werden. In der hier vorliegenden Publikation spiegeln sich die Ergebnisse eines beispielhaften Projekts, in dessen Verlauf Lehrveranstaltungen in Ostrava (Tschechien) und Ludwigsburg (Deutschland) durchgeführt wurden, an denen DozentInnen und Studierende beider Länder teilnahmen. Einige der teilnehmenden Studierenden hatten sich noch nie mit dem Donauraum, seiner Geschichte und der Bedeutung von Interkulturalität und Mehrsprachigkeit in diesen Regionen auseinandergesetzt. Aus den fruchtbaren Kooperationen konnten auch Rückschlüsse über die Bedeutung von Interkulturalität in Migrationsgesellschaften gezogen werden, die für angehende Lehrkräfte beider Länder von höchster Bedeutung sind. Nicht zuletzt entstanden anhaltende Kontakte zwischen jungen Menschen beider Länder, die wiederum eine wichtige Grundlage für die weitere europäische Verständigung darstellen können.

Ich wünsche allen Leserinnen und Lesern eine anregende Lektüre der Beiträge zu diesem spannenden und wegweisenden Projekt.

Ludwigsburg, 19. Juli 2016                                    Stefan Jeuk

# Einleitung

Die Pädagogische Hochschule Ludwigsburg (PHL) pflegt im Rahmen ihrer Internationalisierungsstrategie vielfältige Kontakte zu Partnerhochschulen im Ausland und arbeitet in Kooperationen mit weiteren ausländischen Partnern zusammen. Viele Ludwigsburger Studierende gehen auch in englischsprachige Länder – osteuropäische Nachbarländer sind selten Zielländer für einen Auslandsaufenthalt. Dies stimmt gerade im Rahmen der Donauraumstrategie der Kommission der Europäischen Union nachdenklich und motiviert die PHL zur Entwicklung von nachhaltigen Maßnahmen, die den interkulturellen Austausch in den Bereichen Kultur und Bildung mit Ländern des Donauraums fördern. Die bestehenden Kontakte der PHL in die Region haben einen Schwerpunkt vor allem in Rumänien, Ungarn und Tschechien. Die Bemühungen sind stark auf das Engagement Einzelner bezogen und bedürfen einer nachhaltigen Weiterentwicklung mit Hilfe größerer Kooperationsprojekte. Außerdem sollen Ludwigsburger Studierende stärker eingebunden werden, damit einem Grundgedanken der Donauraumstrategie in besonderem Maße Rechnung getragen werden kann: Dem Ausbau von persönlichen Kontakten in der Region, womit wiederum der interkulturelle Dialog nachhaltig gefördert werden kann. Das durchgeführte Hochschulprojekt *Interkulturalität und Mehrsprachigkeit in den Schulen im Donauraum*, dessen Ergebnisse zum Teil im vorliegenden Band vorgestellt werden, ist eine Maßnahme in diesem Rahmen. Ein wichtiges gemeinsames Thema der Beteiligten – Hochschullehrende und Studierende der PHL und der Universität Ostrava – ist der Umgang mit der aus den historischen Entwicklungen resultierenden Mehrsprachigkeit und Interkulturalität. Hier können die Projektpartner in der Donauraum-Region stark voneinander profitieren, wobei dies nur möglich ist, indem ein Austausch stattfindet und die unterschiedlichen Strategien der Interkulturalität kennengelernt und angewendet werden.

Im Rahmen der von der Baden-Württemberg Stiftung ausgeschriebenen Förderlinie *Perspektive Donau: Bildung, Kultur und Zivilgesellschaft* initiierte die PHL das bereits erwähnte Hochschulprojekt *Interkulturalität und Mehrsprachigkeit in den Schulen im Donauraum*. Die Baden-Württemberg Stiftung knüpft mit dem genannten, interkulturell ausgerichteten Programm an die Donauraumstrategie an und möchte „Brücken der Toleranz bauen, Grenzen überwinden".[1] Daneben hat

---

1  Zitat und Näheres unter: https://www.bwstiftung.de/bildung/programme/voelkerverstaendigung/perspektive-donau-bildung-kultur-und-zivilgesellschaft/ (zuletzt geprüft am 23.08.2016)

die Baden-Württemberg Stiftung auch die Themen *frühkindliche Sprachförderung*[2] und *Mehrsprachigkeit* auf ihrer Agenda und verfasste 2006 in der *Mannheimer Erklärung*[3] elf Thesen. Die erste – „Mehrsprachigkeit ist eine Chance!" – wird auch durch das Hochschulprojekt *Interkulturalität und Mehrsprachigkeit in den Schulen im Donauraum* bestätigt.

Partner im Projekt sind der Lehrstuhl für Germanistik der Universität Ostrava in Tschechien. Die Studierenden der beteiligten Hochschulen sollten im Zuge des Projekts den Donauraum kennenlernen und seine Wichtigkeit für die Europäische Union verstehen lernen – so das oberste Ziel des Projekts. Hierzu sollte die Möglichkeit gegeben werden, Eindrücke vor Ort zu sammeln. An den jeweiligen Standorten der Kooperationspartner (Ludwigsburg, Ostrava) wurden Schulen besucht und es wurde der Frage des Umgangs mit Interkulturalität im Schulkontext nachgegangen. Am Ende der Projektlaufzeit stand eine Tagung mit dem Ziel, die Projektergebnisse und neue Erkenntnisse einer breiteren Öffentlichkeit zugänglich zu machen. Dies sollte auch der Fortsetzung und Vertiefung der im Projekt geschaffenen Kooperationen und Freundschaften dienen – auch das Vernetzen der Partnerhochschulen der PHL im Donauraum war ein Ziel. Schlüsselbegriffe in der Konzeption waren: Beitrag zur Völkerverständigung, interkulturelle Kommunikation, Umgang mit (Sprach-)Minderheiten sowie interkulturelle Bildung – alles unter der Grundvoraussetzung von Innovation und Nachhaltigkeit.

Mit den folgenden Maßnahmen ist das Ziel erreicht worden: In Ludwigsburg wurden zwei Seminare in das Lehrveranstaltungsangebot integriert, die sich mit dem Donauraum, dessen Interkulturalität sowie der dortigen Bildungslandschaft befassten: *Schule und Minderheiten im Donauraum* sowie *Medien und Minderheiten im Donauraum*. Gegenseitige Studienfahrten dienten dem gemeinsamen Erarbeiten von Beiträgen für Studierendenzeitungen oder für den vorliegenden Band. Besonders hervorzuheben ist der Besuch Ludwigsburger Studierender in Ostrava. Sie bekamen die Möglichkeit, vor Ort ein Begegnungszentrum zu besuchen, in dem Roma und Tschechen gemeinsam lernen und arbeiten. Die marginalisierte Bevölkerungsgruppe der Roma hat hier einen besonderen Zugang zu Bildung, der von den Studierenden dahingehend untersucht werden sollte, wie Bildung für Kinder aus bildungsfernen Haushalten ermöglicht werden kann. Dies ist eine Herausforderung, der sich in Deutschland auch viele Lehrende aufgrund der Migrationsbewegungen der letzten Jahre gegenübergestellt sehen. In Ludwigsburg sollten

---

2    Das Programm *Sag' mal was* der Baden-Württemberg Stiftung: http://www.sagmalwas-bw.de/ (zuletzt geprüft am 23.08.2016)

3    *Mannheimer Erklärung* zur frühen Mehrsprachigkeit – 11 Thesen: http://www.sagmal-was-bw.de/das-programm/mannheimer-erklaerung/ (zuletzt geprüft am 23.08.2016)

die Studierenden der Universität Ostrava an ausgewählten Schulen ermitteln, wie der Umgang mit Kindern mit unterschiedlichem Migrationshintergrund im Schulalltag realisiert wird. Somit können Studierende der PHL und der Universität Ostrava, die angehende Lehrkräfte sind, zu Multiplikatoren bezüglich möglicher Lösungsansätze beim Umgang mit Minderheiten werden.

Innovativ waren bei dem durchgeführten Projekt *Interkulturalität und Mehrsprachigkeit in den Schulen im Donauraum* die Verknüpfung von Hochschulen mit Schulen der Region vor dem Hintergrund der Interkulturalität und eine vergleichende Betrachtung des Umgangs mit Minderheiten in Hochschulen und Schulen. Ebenso besonders ist die Einbindung von Studierendenzeitungen der beteiligten Hochschulen, für die Studierende im Rahmen der Projektseminare Beiträge schrieben.

Einen größeren Teil der Ergebnisse aus der Arbeit des Hochschulprojekts möchten wir in diesem Band vorstellen. Bei der Abschlusstagung kristallisierten sich drei Themenbereiche heraus: Minderheiten im Donauraum, Mehrsprachigkeit und Interkulturalität, Deutsch als Fremd- und Minderheitensprache im Donauraum.

Für das übergreifende Thema *Mehrsprachigkeit und Interkulturalität* stehen die Beiträge *Möglichkeiten und Grenzen einer Erziehung zur Mehrsprachigkeit* von Karl-Heinz Aschenbrenner, *Der gleichzeitige Erwerb zweier Sprachen* von Krisztina Kemény-Gombkötő und *Das Kinder- und Jugendtheater als Ort der interkulturellen Begegnung und Mehrsprachigkeit* von Alina Moldovan.

In dem Bereich *Deutsch als Fremd- und Minderheitensprache im Donauraum* behandeln die Autoren neben dem Umgang mit dem Deutschen als Muttersprache auch die Lehrerausbildung an den Schulen vor Ort. Liana Regina Iunesch befasst sich mit *Interkulturalität und Mehrsprachigkeit an Schulen mit deutscher Unterrichtssprache in Rumänien*. Simona Eugenia Keresztes' Beitrag trägt den Titel *Der Kindergarten mit deutscher Abteilung in Rumänien*. Adelheid Manz schreibt über *Meilensteine und ihre Folgen im Nationalitäten-Deutschunterricht in Ungarn. Die Situation heute in der Lehrerausbildung am Beispiel der Eötvös József Hochschule in Baja*. Éva Márkus befasst sich mit *Minderheiten in Ungarn und die Ausbildung von Minderheitenpädagogen an der ELTE TÓK*. Einen weiteren Aspekt hierzu beleuchtet Teréz Rádvai mit *Das ungarndeutsche Schulwesen; Die praktische Minderheitenausbildung an der ELTE TÓK*.

*Minderheiten im Donauraum* werden wie selbstverständlich als Teil der Region wahrgenommen, jedoch werden sie in der jüngeren Geschichte und im Spiegel der Medien sehr unterschiedlich wahrgenommen. Nicole Horáková befasst sich mit der *Rolle der Roma-Minderheit in der Tschechischen Republik: Ihre Wahrnehmung durch die Mehrheitsbevölkerung und die Medien* und Marco Winkler untersucht die *Entstehung und Konstruktion von Minderheiten in der Region Ostrava*.

Diese drei Themenbereiche lassen sich auch in den Beiträgen der Studierenden der Seminare *Begegnungsseminar Ludwigsburg-Ostrava, Schule und Minderheiten im Donauraum* und *Medien und Minderheiten im Donauraum* wiederfinden. Helena Frick beschreibt den *Deutschunterricht und Deutsch als Fremdsprache im Donauraum am Beispiel von Ungarn.*

Über *Roma und ihr Bild in den deutschen Medien* berichten Katja Ibrahim und Marina Krawtschenko. *Zwei Interviews zum Thema Ankommen in Deutschland (BW) in den 60er Jahren* führt Tatjana Ilic. Sebastian Kuppel geht dem Thema *Von der Leitkultur zur Transkulturalität – Die Diskriminierung von Roma im Lichte eines erweiterten Kulturverständnisses* nach. *Die Sendungen von Ungarndeutschen über Ungarndeutsche für Ungarndeutsche* beschäftigen Katalin Nyers und Anna Mezei. Über *Die Siebenbürger Sachsen und die Donauschwaben – Ursprung und Geschichte der deutschen Minderheiten im Donauraum* fasst Sophia Steinort wichtige Fakten zusammen.

Die Beiträge verdeutlichen die Vielfalt des Themenbereiches Interkulturalität und Mehrsprachigkeit in den Schulen im Donauraum. Sie betonen die besondere Bedeutung des Donauraums für die Europäische Union und fördern das Kennenlernen der Region.

Wir danken allen Beteiligten der Pädagogischen Hochschule Ludwigsburg, der Universität Ostrava und der Partnerhochschulen, sowie der Baden-Württemberg Stiftung für ihre Unterstützung. Gesondert danken möchten wir Sophia Steinort für ihre Mitarbeit im Verlauf des gesamten Projekts und ihre Tatkraft bei der Erarbeitung dieses Bandes.

Viktoria Ilse, Indira Suresh und Marco Winkler

# Inhaltsverzeichnis

# Mehrsprachigkeit und Interkulturalität

Karl-Heinz Aschenbrenner

Pädagogische Hochschule Ludwigsburg (Deutschland)

# Möglichkeiten und Grenzen einer Erziehung zur Mehrsprachigkeit

*Multilingualism plays a major part in the education of many children and young people both in the European Union as a whole and in individual member states like Germany and Romania. The article presents fundamental thoughts on the phenomenon of multilingualism and multilingual families in particular. It reflects on the significance of multilingualism in European public life and points out both the opportunities which multilingual education implies and the limitations it faces.*

## 0. Einleitung

In einer Zeit, in der viele Menschen in Europa mehrsprachig leben, stellt sich die Frage, welche Rolle diese Tatsache für die Erziehung von Kindern und Jugendlichen spielt. Sollte diese Mehrsprachigkeit gefördert werden oder wirkt sie sich eher negativ auf das Leben und Lernen aus? Im vorliegenden Beitrag wird versucht, den Blick auf Möglichkeiten und Grenzen der Mehrsprachigkeit bzw. einer auf sie bezogenen Erziehung zu lenken.

Zunächst werden grundlegende Gedanken vorgestellt, die das Phänomen Mehrsprachigkeit betreffen. Im Anschluss daran wird ein Blick auf Familien geworfen, in denen mehrere Sprachen regelmäßig gesprochen werden. Die Bedeutung der Mehrsprachigkeit im öffentlichen Leben der Europäischen Union, in Deutschland bzw. in Rumänien steht dann im Mittelpunkt des Textes, der mit dem Versuch schließt, Möglichkeiten, Grenzen und Visionen einer entsprechenden Erziehung aufzuzeigen.

## 1. Aspekte der Mehrsprachigkeit

In diesem Beitrag werden Menschen als ‚mehrsprachig' gesehen und bezeichnet, wenn sie alltäglich mehrere Sprachen in der Kommunikation einsetzen. Unterschiedliche Motive und Notwendigkeiten führen dazu, dass Kinder, Jugendliche oder Erwachsene mehr als eine Sprache erwerben bzw. erlernen. Die entsprechenden Fähigkeiten dienen der Kommunikation mit Menschen, die eine andere als die eigene Muttersprache sprechen und man braucht weitere Sprachkenntnisse in

Bildungs- und Ausbildungszusammenhängen. Nicht zuletzt werden im beruflichen Alltag von vielen sprachliche Kompetenzen in mehr als einer Sprache erwartet.

Wandruszka (1979) geht sogar so weit, zu unterstellen, dass jeder Mensch mehrere Sprachen lernt und anwendet, was seiner Meinung nach mit der „inneren Mehrsprachigkeit" zu tun hat. Jede Sprache entfaltet verschiedene Varietäten (Beispiel: Dialekte), die je nach sozialem Umfeld und mit Blick auf verschiedene Nutzungszusammenhänge zusätzlich zur Hochsprache erlernt werden (müssen).

Mehrere Sprachen gelernt haben, führt noch nicht automatisch dazu, dass man sie auch anwenden kann. Die Fähigkeit, diese Sprachen in der Kommunikation einzusetzen, ist z.b. davon abhängig, wie viel Übungs- und Anwendungsmöglichkeiten es gibt.

Für Menschen, die mit mehreren Sprachen kommunizieren, stellt das Übersetzen von der einen in die andere Sprache eine besondere Qualifikation dar. Entgegen landläufiger Meinungen ergibt sich diese Fähigkeit aber nicht automatisch daraus, dass mehrere Sprachen gelernt werden. Das Übersetzen ist ein eigenständiger, besonderer Umgang mit zwei oder mehr Sprachen, der erlernt werden muss.

Ein weiteres wichtiges Phänomen der sprachlichen Praxis mehrsprachig lebender Menschen ist das Mischen von Sprachen. Es reicht vom Entlehnen einzelner Wörter oder Satzteile aus der aktuell nicht verwendeten Sprache (*borrowing* oder *code mixing*) bis hin zum immer wieder vollzogenen Wechsel von der einen in die andere Sprache (*code switching*). Die entsprechenden Zusammenhänge und Prozesse sind in aller Regel komplex. Sie können und sollten nicht einseitig und vorschnell bewertet werden. Betrachtet man das Phänomen im Ganzen, so ist es vor allem als (kreativer) Ausdruck vorhandener Sprachkompetenzen zu sehen (vgl. hierzu Jeuk 2010: 45ff.).

Mehrsprachig leben ist die eine Seite des Phänomens. Wenn viele Menschen im Alltag mit mehreren Sprachen umgehen, so entwickelt sich dadurch eine von Mehrsprachigkeit geprägte Gesellschaft, in der auch monolingual Agierende mit Phänomenen konfrontiert werden, die durch die Mehrsprachigkeit zustande kommen. Als Beispiel hierfür kann das ‚Sprachenwirrwarr' in öffentlichen Nahverkehrsmitteln genannt werden.

Deshalb kann mit Blick auf das Zurechtkommen der einzelnen Kinder, Jugendlichen und Erwachsenen auch von einer kollektiven Kompetenz in Sachen Mehrsprachigkeit gesprochen werden.

## 2. Mehrsprachigkeit in der Familie

Die unterschiedliche Herkunft der Eltern ist eine häufige Ursache dafür, dass in einer Familie im Alltag mehrere Sprachen verwendet werden. So kann es sein, dass der Vater aus Amerika stammt, während die Mutter Deutsche ist. In der in Deutschland lebenden Familie wird dann unter Umständen sowohl Englisch als auch Deutsch gesprochen. Die Kinder lernen beide Sprachen.

Eine andere Ursache für familiäre Mehrsprachigkeit kann darin bestehen, dass die Familie als ganze von einem Land in ein anderes migriert. In diesem Falle wird in der Regel die Herkunftssprache (z.B. Türkisch) weiter verwendet, während sukzessiv Kenntnisse in der Sprache des Einwanderungslandes (z.b. Deutsch) hinzukommen.

Nicht zuletzt gibt es Motive, die mit zukünftigen Bildungschancen zu tun haben, wenn Eltern die Entscheidung treffen, ihre Kinder mit zwei Sprachen aufwachsen zu lassen, auch wenn es dafür keine Gründe gibt, die mit den ursprünglichen Sprachkenntnissen der Eltern zu tun haben. Insbesondere die englische Sprache spielt in dieser Hinsicht in Deutschland eine große Rolle.

Kinder können von Geburt an mehrere Sprachen lernen, ohne dabei Schaden zu nehmen. Das erfordert aber zusätzliche Anstrengungen aufseiten der Kinder, aber auch von den erziehenden Erwachsenen. So wird zum Beispiel Eltern empfohlen, Regeln festzulegen und zu beachten, hinsichtlich der Frage, wer wann mit wem in welcher Sprache kommuniziert (vgl. Burkhardt Montanari 2001: 31ff.). Der Verlauf des simultanen Erwerbs zweier Sprachen unterscheidet sich in der Regel nur durch die Dauer einzelner Phasen, wobei entsprechende Unterschiede meist bis zum Schuleintrittsalter ausgeglichen werden (vgl. Jeuk 2010: 15f.).

## 3. Mehrsprachigkeit im öffentlichen Leben und in Bildungsinstitutionen

### 3.1 Europäische Union

#### 3.1.1 Sprachpraxis

Die Europäische Union (EU) umfasst 28 Mitgliedsstaaten. Es gibt 24 Amtssprachen. Diese Tatsache hat gravierende Auswirkungen auf die Kommunikation im öffentlichen Raum und im Rahmen der Institutionen der EU. So gilt z.B. für die Abgeordneten des Parlaments in Straßburg das Recht, in der eigenen Landessprache zu sprechen, was einen großen Bedarf an Dolmetschern nach sich zieht.

Das (Simultan-) Dolmetschen während der Parlamentssitzungen erfolgt über drei sogenannte ‚Relaissprachen' (Englisch, Französisch, Deutsch). Das hat zur Konsequenz, dass eine Rede zunächst in eine dieser drei Sprachen gedolmetscht wird, bevor davon ausgehend die 21 anderen Sprachen bedient werden. Neben den 24 Amtssprachen gibt es in der EU etwa 60 weitere Minderheitensprachen.

Um der Sprachenvielfalt gerecht zu werden bzw. um die allgemeine Kommunikation mit Blick auf die Vielzahl von Sprachen zu verbessern bzw. zu gewährleisten, gibt es für die EU spätestens seit 2008 ein politisches Programm mit dem Titel ‚Viele Sprachen für ein Europa'. Darin heißt es: „Die Europäische Union erkennt das Recht auf Entfaltung der Persönlichkeit an und fördert gleichzeitig – parallel zu ihren Bemühungen um eine stärkere Integration der Mitgliedsstaaten – das Recht der Bürger, in ihrer Muttersprache zu sprechen und zu schreiben[...] Sie ermutigt ihre Bürger zum Sprachenlernen" (Europäische Kommission 2008: 3). „Die Fähigkeit, in mehreren Sprachen zu kommunizieren, ist von großem Nutzen sowohl für Einzelne als auch für Organisationen und Unternehmen. Sie verstärkt die Kreativität, überwindet kulturelle Vorurteile, fördert das Denken abseits der ausgetretenen Pfade und kann bei der Entwicklung innovativer Produkte und Dienstleistungen helfen", so der damalige Kommissar Leonard Orban (a.a.O.).

Das Ziel lautet, dass jede Bürgerin/jeder Bürger der EU in ihrer/seiner Erstsprache und in zwei weiteren Sprachen kommunizieren können soll. Um dieses Ziel zu erreichen, werden Informationen und (finanzielle) Ressourcen zur Verfügung gestellt und Projekte durchgeführt. Zu den entsprechenden Maßnahmen gehören u.a. der *Gemeinsame Europäische Referenzrahmen für Sprachen* (GER) sowie das *Europäische Sprachenportfolio* (ESP). Diese beiden Handreichungen werden in den folgenden Abschnitten vorgestellt.

### 3.1.2 Der Gemeinsame Europäische Referenzrahmen

Der GER (vgl. Gemeinsamer Europäischer Referenzrahmen für Fremdsprachen) stellt den Versuch dar, der Vermittlung und dem Lernen von Fremdsprachen in Europa eine gemeinsame Struktur und Hilfestellungen zu geben. Die vier Lernbereiche *Hörverstehen, Sprechen, Lesen und Schreiben* werden im Rahmen von sechs Niveaustufen (A1 bis C2) mit Inhalten und Kompetenzerwartungen gefüllt. Mit Hilfe dieser Strukturierung können Lehr- und Lernprozesse verglichen werden, man kann entsprechende Materialien erstellen und außerdem Einstufungen vornehmen sowie Prüfungen konzipieren.

Der GER kommt allgemein vor allem in der Erwachsenenbildung zum Einsatz. Allerdings wird er in Deutschland aktuell auch hinzugezogen, um das schulische Deutschlernen der Kinder und Jugendlichen, die erst kurze Zeit in Deutschland sind, zu konzipieren. Davor muss mit Blick auf Nachteile der unreflektierten Anwendung des GER gewarnt werden.

Dieser Referenzrahmen wurde ursprünglich für das sprachliche Lernen in akademischen Zusammenhängen entwickelt. Er lässt sich nicht ohne weiteres auf alle sprachlichen Lernprozesse übertragen. Problematisch ist vor allem, dass die Einteilung in sechs Niveaustufen indirekt weitgehende Linearität des Lernens unterstellt. Dabei weiß man, dass gerade beim sprachlichen Lernen teilweise ‚u-förmige' Verläufe zu beobachten sind, dass anscheinend gesicherte Lernerfolge wieder verschwinden und mühsam neu erarbeitet werden müssen.

Darüber hinaus ist es möglich, den GER so zu interpretieren, dass die Lernenden unabhängig vom Lernbereich von einem Niveau zum anderen fortschreiten. Die Erfahrung zeigt aber unterschiedliche Erfolge der Lernenden in den verschiedenen Bereichen, z.b. beim Sprechen und beim Lesen. Nicht zuletzt wird am GER kritisiert, dass er kaum Aussagen zum literarischen Lernen macht und damit einen wichtigen Zugang zum sprachlichen Lernen insgesamt ausklammert.

### 3.1.3 Das Europäische Sprachenportfolio

Der Begriff ESP steht für eine Methode bzw. für Materialien zur Dokumentation und Unterstützung des individuellen sprachlichen Lernens verschiedener Sprachen. Es soll dazu beitragen, sprachliche Lernprozesse bewusst zu machen, zu reflektieren und zu planen. Außerdem besteht die Möglichkeit, Teile des Portfolios bei Bewerbungen einzusetzen.

Das ESP umfasst drei Teile: die Sprachenbiografie, ein Dossier und den Sprachenpass.

> Die Sprachenbiographie versucht den Spracherwerb des Lernenden retrospektiv sowie vorausblickend festzuhalten und zu planen. Im Sprachenpass kann durch die Raster des gemeinsamen europäischen Referenzrahmens das aktuelle Niveau der Fertigkeiten aller Sprachen festgehalten werden, mit denen man in Kontakt steht. Im Dossier sollen Sprachprodukte des Lernenden abgelegt werden, die den Prozess des Spracherwerbs authentisch widerspiegeln. (Wikipedia 2015).

Verschiedene Verlage bieten (von der EU genehmigte) Vorlagen an. Es gibt Materialien für alle Altersgruppen: Kindergarten- und Grundschulkinder, Jugendliche und Erwachsene (vgl. Europäisches Sprachenportfolio 2016).

## 3.2  Deutschland

### 3.2.1 Allgemeine Anmerkungen

Die geografische Lage, die Größe, die wirtschaftliche Bedeutung und die geschichtliche Entwicklung seit dem 19. Jahrhundert haben dazu geführt, dass in der heutigen Bundesrepublik Deutschland die deutsche Sprache Alleinstellungscharakter hat, dass die durchaus zahlreich im öffentlichen und privaten Leben präsenten anderen Sprachen nur dann größere Bedeutung gewinnen, wenn sie (z.B. in wirtschaftlichen Zusammenhängen) benötigt und eingesetzt werden. Das gilt auch für

die Sprachen der rechtlich anerkannten Minderheiten. Diesen offiziellen Status
besitzen Dänen, Friesen, Sorben sowie Sinti und Roma.

Man spricht auch vom „monolingualen Habitus", der in fast allen gesellschaftlichen Teilbereichen – auch im Bildungswesen – wirksam ist (vgl. Gogolin 2008).
Daran ändert auch die Einwanderung nach Deutschland in den letzten 60 Jahren (nach dem Abkommen, das der deutsche Staat mit verschiedenen Ländern
(beginnend 1955 mit Italien) zur Entsendung von ‚Gastarbeitern' getroffen hat)
nicht viel. Sie hat viele Sprachen nach Deutschland gebracht, deren Nutzung und
Weiterentwicklung aber weitgehend der privaten, persönlichen Initiative überlassen wurde und wird.

Auch wenn immer wieder die Anerkennung der Identität eingewanderter
Menschen betont wurde, in Sachen Herkunftssprache fordert man auch heute
noch (teils ‚von oben herab') Anpassung durch möglichst perfekten Erwerb des
Deutschen, eine Forderung, die mit Blick auf viele Betroffene und deren Lebensverhältnisse eher unerfüllbar erscheint.

Die ‚Migrantensprachen' (Italienisch, Griechisch, Spanisch, Türkisch, Ara-
bisch, Russisch …) sind im Übrigen auch in den klassischen Medien (Zeitung,
Radio, Fernsehen) kaum vertreten, obwohl sie im Gegensatz dazu im alltäglichen,
öffentlichen Leben (auf der Straße, auf Plätzen, in Nahverkehrsmitteln) hörbar
präsent sind, was den hohen Anteil mehrsprachig lebender Menschen in Deutschland verdeutlicht. Das gilt selbstverständlich auch für die Gruppe der Kinder und
Jugendlichen. So benennt z.B. der Expertenrat *Herkunft und Bildungserfolg* die
Zahl mehrsprachig lebender Kinder und Jugendlicher in Baden-Württemberg im
Jahre 2011. Über 30 % der Schülerinnen und Schüler an den allgemeinbildenden Schulen sind mehrsprachig und die Prognosen verweisen auf einen weiteren
beträchtlichen Anstieg (vgl. Ministerium für Kultus, Jugend und Sport Baden-
Württemberg 2011: 34).

Wenn die Anzeichen nicht täuschen, dann lockert sich zurzeit durch Einstel-
lungen und Verhaltensweisen der jüngeren Erwachsenengeneration aber das
Festhalten am monolingualen Habitus. Möglicherweise hat das mit der stärkeren
Ausrichtung an kommunikationsorientierten Zielen der Fremdsprachendidak-
tik an den Schulen, sowie mit Kontakten zu mehrsprachigen Verwandten und
Freunden und mit längeren Auslandsaufenthalten bzw. mit der Nutzung der neuen
digitalen Medien zu tun.

## 3.2.2 Erziehung und Bildung

Diesen aktuellen Verhältnissen und Veränderungen hinken die Praktiken im Bildungsbereich in Deutschland deutlich hinterher. Es gibt z.B. in Baden-Württemberg

kein flächendeckendes, verbindliches Angebot zur Förderung der Herkunftssprachenkenntnisse und -fähigkeiten der mehrsprachigen Kinder und Jugendlichen. Es gibt zwar Angebote der Konsulate der Herkunftsländer, allerdings in geringem Umfang, meist ohne die inhaltliche Koordination mit dem Regelunterricht an den Schulen und v.a. zur freiwilligen Nutzung. Das führt dazu, dass viele Kinder/ Jugendliche nicht teilnehmen bzw. nach wenigen Jahren diesem Unterricht wieder fernbleiben. Wesentliche Fortschritte werden so vor allem im schriftsprachlichen Bereich oft nicht erzielt.

Darüber hinaus gibt es Initiativen und Angebote mit Projektcharakter, von denen nur wenige Schülerinnen und Schüler profitieren können: Tandemunterricht, bilingual gestalteter Unterricht in einzelnen Fächern, bilinguale Züge sowie bilinguale Schulen. So gibt es z.B. in Berlin die sogenannten Europaschulen, die sich in ihren Curricula konsequent jeweils einer Sprachenkombination (Deutsch-Türkisch, Deutsch-Griechisch, Deutsch-Italienisch …) widmen (vgl. z.B. Europaschulen Berlin 2016).

Auch die didaktischen Konzepte der Fächer und Fächerverbünde an den allgemeinbildenden Schulen tragen der Tatsache, dass viele mehrsprachige Schülerinnen und Schüler mit besonderen sprachlichen Voraussetzungen am Unterricht teilnehmen, kaum Rechnung. Die Didaktik des Faches Deutsch als Zweitsprache versucht diesen problematischen Zustand ‚abzufedern‘, in dem von entsprechenden Fachleuten Handreichungen erarbeitet werden, die von einzelnen Lehrkräften für Planung und Gestaltung des Unterrichts genutzt werden können.

Ein wichtiger Bestandteil solcher Konzepte ist die Berücksichtigung der Herkunftssprachen innerhalb des deutschsprachigen Unterrichts. Oomen-Welke entwickelt in diesem Zusammenhang im Anschluss an das *Language-Awareness-Konzept* (siehe dazu Luchtenberg 2010) ein *Sensibilisierungsprogramm für Lehrpersonen* (vgl. Oomen-Welke 2010: 484ff.), das u.a. dazu beitragen soll, verschiedene Sprachen im Unterricht zuzulassen, die Nutzung dieser Sprachen zu unterstützen und die Beschäftigung (aller Schülerinnen und Schüler) mit verschiedenen Sprachen zu fördern.

## 3.3 Rumänien

Viele osteuropäische Länder sind aus geschichtlichen Gründen viel mehr als Deutschland mit dem Phänomen der Mehrsprachigkeit und dadurch auch mit entsprechenden Bildungsfragen befasst und vertraut. Beispielhaft soll in der Folge ein kurzer Blick auf die Verhältnisse in Rumänien geworfen werden.

Von außen – aus der Perspektive Deutschlands – betrachtet, gibt es in Rumänien zurzeit relativ günstige Voraussetzungen für eine Erziehung der Kinder und
Jugendlichen zur Mehrsprachigkeit und die Umsetzung der Ziele der EU.

Die traditionell, auch in Systemen vor Einführung der Demokratie nach der
Wende, verankerten Minderheitengesetze haben dazu geführt, dass es zahlreiche
staatliche Kindergärten und Schulen gibt, die dem Unterricht in den einzelnen
Minderheitensprachen (Deutsch, Ungarisch, …) einen breiten Raum geben, in
dem z.b. ein Zug angeboten wird, in dem die Minderheitensprache in fast allen
Handlungsbereichen und Fächern im Mittelpunkt steht.

Teilweise werden diese Gruppen oder Klassen weitgehend von Kindern/Jugend-
lichen besucht, deren Erstsprache die entsprechende Minderheitensprache ist. Das
galt lange Zeit auch für die deutsche Minderheit. Nach 1989 wanderten allerdings
viele Mitglieder dieser – in Rumänien so genannten – Nationalität aus, sodass heute
nur noch wenige Kinder, deren Erstsprache Deutsch ist, am deutschsprachigen
Unterricht teilnehmen. Dennoch erfreuen sich die deutschsprachigen Kindergärten und Schulen eines großen Zuspruchs. Viele rumänischen Eltern melden ihre
Kinder in deutschsprachigen Einrichtungen an, verbunden mit der Hoffnung auf
eine Erziehung zur Mehrsprachigkeit, die sich u.a. auf die beruflichen Chancen,
aber auch mit Blick auf interkulturelle Kompetenzen positiv auswirken soll.

Die sukzessive Anpassung des genannten Unterrichts an westeuropäische
Standards (u.a. mit Unterstützung der EU) hat zur Steigerung der didaktischen
und methodischen Qualität des Angebots beigetragen. U.a. kann in diesem Zusammenhang auf das weiterentwickelte Bewusstsein für das Zusammenspiel der
Kenntnisse und Fähigkeiten von Kindern/Jugendlichen in mehreren Sprachen
verwiesen werden.

## 4. Erziehung zur Mehrsprachigkeit – Grenzen, Möglichkeiten, Visionen

In Europa gibt es insgesamt gesehen derzeit sehr günstige Voraussetzungen für die
Erziehung der Kinder und Jugendlichen zum kompetenten und differenzierten
Umgang mit mehreren Sprachen. Entwicklungen in den Bereichen Kommunikation, Mobilität und Arbeitswelt haben sowohl die Notwendigkeit des Umgangs mit
verschiedenen Sprachen als auch die Möglichkeiten entsprechende Fähigkeiten
zu entwickeln gesteigert. Außerdem haben die Demokratisierungsprozesse in den
letzten 25 Jahren in vielen europäischen Ländern diese Entwicklung begünstigt.

Daneben gibt es Hindernisse und Grenzen, die Weiterentwicklungen erschwe-
ren. Immer noch stehen viele Menschen der Mehrsprachigkeit mit Skepsis oder
Ängsten gegenüber. Sie lehnen Fremdes und damit auch andere Sprachen und

deren Nutzer ab. Teilweise hat dies mit dem Festhalten an eigenen Traditionen zu tun.

Die prekären Lebensverhältnisse vieler Menschen tragen überdies dazu bei, dass eigene Lerninteressen und -potenziale auch mit Blick auf sprachliche Lernprozesse nicht umfassend zur Geltung gebracht werden. Kinder und Jugendliche leiden teilweise an den sozialen Verhältnissen, in denen ihre Familien leben und bekommen zu wenig Anregung und Förderung, um sich in sprachlicher Hinsicht umfassend weiterentwickeln zu können.

In Kindergärten und Schulen kommt es darauf an, die von den Kindern/ Jugendlichen mitgebrachten sprachlichen Kompetenzen entsprechend wertzuschätzen und zu würdigen. Der Ausbau und das Zusammenspiel der Fähigkeiten in verschiedenen Sprachen sollten gezielt im Mittelpunkt der Curricula stehen. In den Schulen muss in diesem Zusammenhang besonders auf die schriftsprachlichen Kompetenzen in den verschiedenen Sprachen geachtet werden.

Damit entsprechende Weiterentwicklungen nicht nur den Lehrkräften und ihren Schülerinnen und Schülern im alltäglichen Unterricht überlassen bleiben, kann dazu geraten werden, für die einzelnen Einrichtungen ‚Mehrsprachencurricula' zu entwerfen, in denen v.a. das Zusammenspiel von Sprachen beim Lernen und im Unterricht konzeptionell aufbereitet wird. Gute Erfahrungen gibt es schließlich mit der Einrichtung von ‚Sprachzentren' an einzelnen Schulen (vgl. Sprachzentrum an der Katharinenschule Esslingen 2011). Sie entwickeln über die Curricula hinaus ergänzende Angebote für die Schülerinnen und Schüler bzw. für deren Eltern und die Lehrkräfte. Außerdem sind sie für die Zusammenarbeit mit Einrichtungen außerhalb der Kindergärten und Schulen verantwortlich. Büchereien, Museen, Theater u.a. kulturelle oder auch soziale Organisationen können im Rahmen einer solchen Struktur noch besser zusammenarbeiten und damit den Beitrag zum Gelingen der Erziehung zur Mehrsprachigkeit spürbar erhöhen.

## Literatur

Burkhardt Montanari, Elke (2. Aufl. 2001): Wie Kinder mehrsprachig aufwachsen. Ein Ratgeber. Frankfurt: Brandes & Apsel.

Europäische Kommission (2008): Viele Sprachen für ein Europa. Sprachen in der Europäischen Union. Luxemburg: Amt für amtliche Veröffentlichungen der Europäischen Gemeinschaften.

Europäisches Sprachenportfolio (2016): http://www.sprachenportfolio.de/ (zuletzt geprüft am 15.7.2016)

Europaschulen Berlin (2016): https://www.berlin.de/sen/bildung/schule/beson-dere-schulangebote/staatliche-europaschule (zuletzt geprüft am 15.7.2016)

Gemeinsamer Europäischer Referenzrahmen für Fremdsprachen: http://www.europaeischer-referenzrahmen.de (zuletzt geprüft am 15.7.2016)

Gogolin, Ingrid (2008): Der monolinguale Habitus der multilingualen Schule. Münster: Waxmann.

Jeuk, Stefan (2010): Deutsch als Zweitsprache in der Schule. Stuttgart: Kohlhammer.

Luchtenberg, Sigrid (2020): Language Awareness. In: Ahrenholz, B./Oomen-Welke, I. (Hrsg.): Deutsch als Zweitsprache in der Schule. Baltmannsweiler: Schneider Hohengehren, S. 107–117.

Ministerium für Kultus, Jugend und Sport Baden-Württemberg (Hrsg.) (2011): Expertenrat „Herkunft und Bildungserfolg". Empfehlung für bildungspoliti-sche Weichenstellungen in der Perspektive auf das Jahr 2020. Stuttgart.

Oomen-Welke, Ingelore (2010): Didaktik der Sprachenvielfalt. In: Ahrenholz, B./Oomen-Welke, I. (Hrsg.): Deutsch als Zweitsprache in der Schule. Balt-mannsweiler: Schneider Hohengehren, S. 479–492.

Sprachzentrum an der Katharinenschule Esslingen (2011): http://katharinenschule-esslingen.de/index.php/schulprofil/2015-01-02-21-18-03 (zuletzt geprüft am 15.7.2016)

Wandruszka, Mario (1979): Die Mehrsprachigkeit des Menschen. München, Zürich: Piper.

Wikipedia (2015): Europäisches Sprachenportfolio: https://de.wikipedia.org/wiki/Europ%C3%A4isches_Sprachenportfolio (zuletzt geprüft am 15.7.2016)

Krisztina Kemény-Gombkötő

Eötvös József Hochschule (Ungarn)

# Der gleichzeitige Erwerb zweier Sprachen

*Worldwide, there are many children who grow up exposed to more than one language from an early age. Bilingualism or multilingualism is often the norm, whereas monolingualism is the exception. The articles discusses myths about bilingual speakers and strategies, benefits of early simultaneous bilingual language acquisition and methods of raising bilingual children.*

Wir sprechen über den gleichzeitigen Erwerb zweier Sprachen, wenn ein Kind von Geburt an mit zwei Sprachen regelmäßig konfrontiert wird. Der Erwerb der zwei Sprachen vollzieht sich spontan und natürlich, wie der Erstspracherwerb. Dieser ‚doppelte Erstspracherwerb' bringt eine ganze Reihe von Vorteilen mit sich: Die Kinder entwickeln schon früh ein Gefühl für Sprache (metasprachliches Wissen), erwerben beide Sprachen scheinbar mühelos und akzentfrei, die Zweisprachigkeit wirkt positiv auf ihre kognitiven Fähigkeiten und schulischen Leistungen und sie werden leichter Fremdsprachen erlernen als ihre einsprachigen Mitschüler. Um Sprachwechsel und Sprachmischung zu vermeiden, empfiehlt sich die Verwendung der Strategie „eine Person – eine Sprache". Man sollte dabei auch darauf achten, dass das Kind in beiden Sprachen ausreichend sprachliches Input bekommt.

## 0. Einleitung

Es existieren über 6000 Sprachen auf der Welt (Schlobinski 2014: 31) und egal wo ein Kind auf die Welt kommt, es ist fähig eine dieser Sprachen zu erwerben. Noch interessanter ist aber nicht nur für Wissenschaftler sondern auch für Laien die Tatsache, dass Kleinkinder sogar fähig sind sich mehrere dieser Sprachen parallel anzueignen. Die mehrsprachig aufwachsenden Kinder werden entweder beneidet, weil sie scheinbar mühelos fähig sind mehrere Sprachen zu erwerben oder bemitleidet, weil man glaubt, dass sie nie richtig die Sprache ihrer Umgebung (die Staatssprache) beherrschen werden. Es ist kein Wunder, dass viele Eltern in multikulturellen Familien ratlos werden, wenn es um die sprachliche Sozialisation ihrer Kinder geht. Oft hört man solche Bedenken wie „Ich will mein Kind nicht verwirren" oder „Ich will meinem Kind keine mentalen Schäden zufügen".

Ziel dieses Beitrages ist mit Hilfe der neuesten Ergebnisse der Mehrsprachigkeitsforschung die Zweisprachigkeit und ihre Vorteile vorzustellen, die Mythen über die zweisprachige Entwicklung aus dem Weg zu räumen, mit Ratschlägen die mehrsprachige Erziehung zu unterstützen und eine Sammlung von Fällen, in denen die Eltern zweisprachiger Kinder professionelle Unterstützung suchen sollten, vorzustellen. Eines soll aber schon im Vorfeld geklärt werden: Zweisprachige Kinder sind ganz normale Kinder. Es konnte nicht nachgewiesen werden, dass eine mehrsprachige Sozialisation negative Folgen auf die Entwicklung des Kindes hätte!

## 1. Der gleichzeitige (simultane) Erwerb zweier Sprachen – doppelter Erstspracherwerb?

Wir sprechen über den gleichzeitigen Erwerb zweier Sprachen, wenn das Kind von Geburt an mit zwei Sprachen regelmäßig konfrontiert wird. Die Ursachen dafür können unterschiedlich sein:

- die Eltern haben unterschiedliche Nationalitäten,
- in der Umgebung sind alle zweisprachig (z.b. Grenzregionen, von Minderheiten bewohnte Gebiete),
- die Eltern sind in ein anderes Land ausgewandert,
- die Eltern wollen, dass ihre Kinder eine fremde von ihnen hochbewertete Sprache neben der Sprache der Umgebung (Staatssprache) sprechen.

In den oben erwähnten Fällen vollzieht sich der Erwerb zweier oder mehrerer Sprachen spontan und natürlich, wie der Erstspracherwerb. Trotzdem muss man mit dem Begriff ,doppelter Erstspracherwerb' vorsichtig umgehen, weil die Sprecher die beiden Sprachen auf einem unterschiedlichen Niveau beherrschen. In einer der beiden Sprachen kann z.b. der Wortschatz umfangreicher sein (starke Sprache) oder mehr Wortfelder abdecken als in der anderen (Apeltauer 2001: 11).

Wenn eine Sprache nur auf die Domäne Familie begrenzt ist (Dialekte z.B.), werden weniger Wörter erworben als im Falle einer Sprache deren Domäne die Schule ist. Je mehr die Situationen, in denen man die beiden Sprachen verwendet, identisch sind, desto ausgewogener ist das Verhältnis der Sprachkompetenzen in beiden Sprachen. In welcher Sprache der Sprecher eine bessere aktive Kompetenz haben wird, hängt vom Zufall ab (Tracy 2008: 102). Die Eltern, Großeltern können nur ihre eigene Sprachwahl beeinflussen, die Sprache der Kinderkrippe, des Kindergartens und der Ausbildung z.B. nicht.

Das Verhältnis zwischen der stärkeren und schwächeren Sprache variiert im Laufe des Lebens ständig. Im Falle von Kleinkindern ist das besonders auffällig. Wenn ein Kind zu Hause mit der Mutter nur Deutsch spricht und mit dem Vater nur Ungarisch, wird es Deutsch besser sprechen als Ungarisch, weil die Mutter mit ihm mehr Zeit verbringt. Das kann sich schnell ändern, wenn das Kind in die

Kinderkrippe oder in den Kindergarten kommt. Es kann sein, dass es sogar kurze Zeit lang nur auf Ungarisch die Fragen der Mutter beantworten wird. Wird das Kind krank und bleibt 1–2 Wochen zu Hause, wird wieder die deutsche Sprache die dominante Sprache sein.

## 2. Vorteile des simultanen Zweitspracherwerbs

Bilingual (zweisprachig) aufwachsende Kinder verfügen über ein metasprachliches Wissen. Sie entwickeln früh ein Gefühl für die Sprache. Sie entdecken, dass es verschiedene semantische und grammatische Möglichkeiten gibt etwas auszudrücken und „dass ein Tisch nicht notwendiger Weise *Tisch* heißen muss" (Tracy 2008: 104).

Aus Erfahrung weiß man, dass Kleinkinder ohne Grammatikunterricht eine oder mehrere Sprachen erwerben können. Erwachsene hingegen analysieren ständig die Sprache, möchten mit Hilfe von grammatischen Regeln die sprachlichen Strukturen verstehen und durch die Bewusstmachung von Sprache erhoffen sie die Förderung des Sprechvermögens. Für den altersabhängigen Unterschied beim Spracherwerb bzw. Sprachlernen fand man neurologische Erklärungen. Forscher stellten fest, dass beim frühkindlichen Zweitspracherwerb sich eine Region für syntaktische Funktionen (grammatisches Zentrum) der beiden Sprachen bildet. Die beiden Sprachen sind in dieser Region integriert, es werden nur kleine sprachspezifische Areale außerhalb dieser Region ausgebildet. Wenn man eine Zweitsprache nach der Kleinkindphase (ca. nach dem 6. Lebensjahr) erwirbt, wird das syntaktische Zentrum der beiden Sprachen getrennt sein. Es bildet sich ein neues Zentrum für die neue Sprache aus. Die neue Sprache wird als getrenntes System gelernt (Grießhaber 2001: 4ff.).

Im Falle der nachzeitigen Aneignung einer Fremdsprache bereitet auch die Aussprache Probleme. Ab der Pubertät kann eine Fremdsprache nicht mehr akzentfrei erworben werden (Grießhaber 2001: 5). Deshalb liegt der „besondere Vorteil der frühen Zweisprachigkeit […] im Erlernen der echten Aussprache. Die Phonetik stellt beim späteren Erwerb meist das größte Problem dar" (Kielhöfer/Jonekeit 1998: 101). Die gleichzeitige Aneignung von zwei Sprachen in der frühen Kindheit erleichtert das spätere Erwerben weiterer Sprachen (Tracy 2008: 104).

Die Sprachen haben einen positiven Einfluss aufeinander und dadurch auf ihre mehrsprachigen Sprecher. Je besser die Kompetenz in den gesprochenen Sprachen wird, desto positiver sind die Auswirkungen auf die kognitiven Fähigkeiten und die schulischen Leistungen (Kielhöfer/Jonekeit 1998: 90). Man sollte aber nicht zur Schlussfolgerung kommen, dass zweisprachige Kinder intelligenter sind als ihre einsprachigen Altersgenossen. Sowohl der Intelligenzbegriff[1] als auch der Begriff ‚Zweisprachigkeit' ist zu unklar und schwer definierbar. Die Ergebnisse empirischer Untersuchungen in diesem Zusammenhang können deshalb nie als allgemeingültig betrachtet werden. Vor dem II. Weltkrieg entdeckten Forscher intellektuelle Defizite bei Zweisprachigen, ab 1960 ca. wurden in wissenschaftlichen Arbeiten zweisprachige Personen intelligenter als einsprachige Personen betrachtet. Ab den 80er Jahren gibt es wieder Stimmen, die die negativen Auswirkungen der Zweisprachigkeit auf die Intelligenz betonen (Kielhöfer/Jonekeit 1998: 99). Es ist kein Wunder, dass die Forschungsergebnisse über den Zusammenhang zwischen Zweisprachigkeit und Intelligenz voneinander abweichen, wenn man in Betracht zieht, dass nicht einmal die Untersuchungen der Beziehung zwischen sprachlichen Fähigkeiten und Intelligenz immer übereinstimmen (Schlobinski 2014: 186f.).

Aus eigener Erfahrung und Überzeugung teile ich die Meinung von Kielhöfer und Jonekeit (1998), dass Kinder die zweisprachig aufwachsen, allein durch ihre Zweisprachigkeit nicht intelligent bzw. intelligenter als ihre einsprachigen Mitschüler sind. Die Sprache hilft die Welt besser kennen zu lernen, aber was man lernt, hängt von verschiedenen Faktoren ab. Zweisprachigkeit hat viele Gesichter, wie wir das am Anfang Beitrags gesehen haben. Mal lernt man zwei verschiedene Sprachen in einer multikulturellen Familie, mal im Ausland, weil die Eltern ausgewandert sind, mal spricht man eine der beiden Sprachen nur in der Öffentlichkeit, mal ist sie nur auf die Familie begrenzt und nicht die Sprache der Bildung. Manchmal wächst man zweisprachig auf, weil man keine andere Wahl hat, manchmal möchte man mit der zweisprachigen Erziehung die Chancen seiner Kinder auf dem Arbeitsmarkt verbessern. Die Situationen, in denen Kinder mehrsprachig aufwachsen sind, sind von Kind zu Kind unterschiedlich. Deshalb kann es m. E. keinen direkten Zusammenhang zwischen Mehrsprachigkeit und Intelligenz geben. Aber eins ist sicher: Mindestens beim Erlernen einer Fremdsprache in der Schule werden zweisprachige Kinder Vorteile haben, weil sie ein Gefühl für Sprache haben werden.

---

1    „Unter Intelligenz versteht man „ein komplexes Konstrukt, das durch eine Vielzahl von kognitiven Teilfähigkeiten gekennzeichnet ist" (Schlobinski 2014: 186). „Zu den Teilfähigkeiten gehören „Verbales Verständnis, sprachliche Ausdrucksfähigkeit, rechnerisches Denken, räumliches Vorstellungsvermögen, logisches Denken, Merk- und Aufmerksamkeitsfähigkeit" (Schlobinski 2014: 186).

## 3. Mythen über den doppelten Erstspracherwerb

Bevor zu den meistverbreiteten Mythen im Zusammenhang mit der frühen Zweisprachigkeit die bisherigen Forschungsergebnisse vorgestellt werden, seien sie schon einmal zusammengefasst:

1. *Der gleichzeitige Erwerb zweier Sprachen schadet dem Kind. Das Kind ist überfordert. Es wird an Sprachstörungen (z.B. an Stottern) leiden.*
2. *Zweisprachige Kinder sind sprachlich verspätet.*
3. *Die Kinder werden weder die eine noch die andere Sprache ausreichend beherrschen (Doppelte Halbsprachigkeit/doppelter Semilingualismus). Sie werden keine Muttersprache haben.*
4. *Mehrsprachige Kinder können die Sprachen nicht trennen, deshalb kommt bei ihnen Sprachmischung (code-mixing) und Sprachwechsel (code-switching) innerhalb eines Satzes vor.*
5. *Das Kind soll zuerst eine Sprache (die Sprache der Umgebung/die Staatssprache) gut erlernen und erst dann eine zweite Sprache lernen.*

### 3.1 Sprachstörungen und Zweitspracherwerb

Bevor sich Eltern für eine zweisprachige Erziehung ihres Kindes entscheiden, haben sie vor Sprachstörungen am meisten Angst. Diese Angst wird dadurch erhöht, dass viele Kinderärzte, Logopäden, Kindergärtner(innen) und Lehrer(innen) die Ursache des Stotterns, einer unklaren Aussprache oder sprachlicher Rückstände im Bilingualismus sehen. Die Medien, die Forschungsergebnisse aus dem Kontext gerissen ohne wissenschaftliche Analyse veröffentlichen, tragen zur Verwirrung auch bei. Um das zu testen, sollte man nur die folgende Wortverbindung „Stottern und Zweisprachigkeit" bei einer Online-Suchmaschine eingeben. Der größte Einwand gegen die Gültigkeit der Forschungsergebnisse, die den direkten Zusammenhang zwischen Sprachstörungen und Bilingualismus zeigen, ist m.E., dass man es nie kontrollieren kann, ob die sprachbehinderten zweisprachigen Kinder auch dann an einer Sprachstörung leiden würden, wenn sie einsprachig wären.

Au-Yeung, Howell, Davis und Sackin (2000) konnten keinen Zusammenhang zwischen Stottern und zweisprachiger Erziehung herstellen. Sie erforschten das Thema mit Hilfe eines weltweit zugänglichen Online-Fragebogens. Im Rahmen der Onlinebefragung wurden 794 Fragebögen aus 40 Ländern ausgefüllt. Das Alter der Probanden lag zwischen 3 und 80 Jahren. 83 % der Teilnehmer waren zweisprachig. Erstaunlicherweise war „sowohl in der Gruppe der monolingualen

Teilnehmer als auch der bilingualen Teilnehmer der Anteil, der angab zu stottern 22 %" (Zang 2012: 13).[2]

Vor dem Stottern sollte man keine allzu große Angst haben. Die Mehrheit der Kinder durchläuft Phasen der Sprechunflüssigkeit, nur bei wenigen entwickelt sich ein chronisches Stottern, dass das Kind wiederum spontan verliert oder mit Hilfe von sprachtherapeutischen Behandlungen. Im Durchschnitt ist nur 1 % der Bevölkerung vom Stottern betroffen (www.lvnord-stottern.de).

### 3.2 Zweisprachige Kinder sind sprachlich verspätet

Zweisprachigen Kindern wird oft vorgeworfen, dass sie später in die verschiedenen Bereiche der Sprache einsteigen als ihre einsprachigen Altersgenossen. Umfangreichere Untersuchungen konnten das nicht belegen. Bilinguale Kinder fangen nicht später an zu lallen oder zu sprechen und ihr Vokabelumfang ist auch nicht kleiner im Vergleich zu einsprachigen Kindern (Tracy 2008: 116). Der Verlauf des Erwerbs der beiden Sprachen ist ähnlich wie bei dem entsprechenden monolingualen Erstspracherwerb (Tracy 2008: 125).

### 3.3 Zweisprachige Kinder beherrschen weder die eine noch die andere Sprache ausreichend

Die Erscheinung ‚doppelte Halbsprachigkeit' existiert wirklich und ist häufiger unter Migrantenkindern beobachtbar. Als Ursache dafür kann aber nicht die zweisprachige Erziehung an sich betrachtet werden. Neben der Qualität und Quantität des sprachlichen Inputs spielen sowohl die Sprachpolitik und Sprachplanung als auch der Unterricht eine wichtige Rolle dabei, inwiefern die beiden Sprachen erworben werden. Diese Kinder hören die Sprache der Heimat ihrer Eltern nur in der Familie und oft nur als Dialekt. Der Input in der Sprache des Gastlandes reicht ebenfalls nicht aus, um ein muttersprachliches Niveau zu erreichen (Kielhöfer/ Jonekeit 1998: 91f.).

Wie schon am Anfang des Beitrages betont wurde, beherrschen zweisprachige Menschen die beiden Sprachen nicht auf demselben Niveau, weil vor allem der sprachliche Input nicht ganz identisch sein kann wegen der verschiedenen Sprechsituationen in den zwischenmenschlichen Beziehungen. Die dominante Sprache wird in den meisten Fällen als Muttersprache empfunden (Schlobinski 2014: 195).

---

2   Die Ergebnisse der Onlinebefragung wurden auf dem 3rd *World Congress on Fluency Disorders* in Nyborg, Dänemark präsentiert.

## 3.4 Sprachmischung (*code-mixing*) und Sprachwechsel (*code-switching*)

Sprachmischungen charakterisieren häufig die frühe Erwerbsphase, verschwinden aber zunehmend in fortgeschrittenem Alter (Schlobinski 2014: 195). Tracy (2008) deutet darauf hin, dass es eine absurde Erwartung ist, von mehrsprachigen Personen zu erwarten, dass sie sich wie monolinguale Menschen verhalten und nie die Sprache wechseln: „In etwa so, als ob man sagen würde: *Tun wir so, als ob wir vieles nicht wüssten!*" (Tracy 2008: 52).

Als zweisprachig (Deutsch und Ungarisch) aufwachsende Person weiß ich aus eigener Erfahrung, dass man die schnellsten Gespräche mit zweisprachigen Menschen führen kann, indem man ständig den Code wechselt, wenn einem ein Wort nicht einfällt. Außerdem weiß ich als Mutter eines zweisprachigen Kindes (4 Jahre alt), dass Kinder überwiegend nur dann die Sprache wechseln oder die Sprachen mischen, wenn sie etwas, was sie in der einen Sprache noch nicht, aber in der anderen schon beherrschen.

Kinder sind fähig, Sprachen früh zu trennen. Wenn die beiden Sprachen viele Ähnlichkeiten aufweisen, fällt es ihnen natürlich schwerer, die Sprachen zu unterscheiden. Sie werden vielleicht mehr Zeit dafür brauchen. Die Forschung ist sich darüber einig, „dass bilinguale Kinder spätestens in dem Moment, in dem sie Wörter kombinieren, getrennte Sprachpakete bearbeiten" (Tracy 2008: 117). Woran erkennt man aber im Einzelfall, dass Kinder die Sprachen ohne weiteres trennen können? Als mein Sohn ca. 2,5 Jahre alt war, fing er von ganz alleine an seinem Vater sinngemäß und nicht wortwörtlich zu übersetzen, was ich ihm sagte. Außerdem konnte er ab dieser Zeit die Sprache wechseln, wenn ich ihn dazu aufforderte, weil ich ihn daran erinnern musste, dass er mit mir nur Deutsch sprechen soll.

## 3.5 Das Kind soll zuerst eine Sprache gut erlernen und erst dann eine zweite Sprache lernen

Die Annahme, dass nur nach dem Erwerb einer Erstsprache mit dem Erwerb einer Zweitsprache begonnen werden darf, ist überholt. Die vielen mehrsprachig aufwachsenden Menschen sind das beste Beispiel dafür, dass der Mensch fähig ist, mehrere Sprachen simultan zu erwerben (Tracy 2002: 13).

## 4. Ratschläge für die zweisprachige Erziehung

### 4.1 Das *Ronjat-Prinzip*: Eine Person – eine Sprache

Um Sprachwechsel und Sprachmischung zu vermeiden und den Kindern schon früh bewusst zu machen, dass sie mit verschiedenen Sprachen konfrontiert werden, empfiehlt sich die Verwendung der Strategie ‚eine Person – eine Sprache'. Der Indogermanist und Phonetiker Maurice Grammont empfahl die Anwendung dieser Methode dem französischen Sprachwissenschaftler Jules Ronjat, der sie bei der zweisprachigen Erziehung seines Sohnes anwendete (Schlobinski 2014: 194). Im Falle dieser Strategie geht es um die an das Kind gerichtete Sprache. Die Mutter spricht z.b. nur auf Deutsch zum Kind, der Vater nur auf Ungarisch, aber die Elternteile benutzen, wenn sie sich miteinander unterhalten, die Sprache, die beide beherrschen bzw. beide am besten beherrschen. Für Eltern ist es nicht immer einfach diese strikte und konsequente Sprachpolitik durchzuziehen, aber die Praxis zeigt, dass es sich wirklich lohnt, das *Ronjat-Prinzip* von Geburt an zu verwenden.

Man sollte dabei auch darauf achten, dass das Kind in beiden Sprachen ausreichend sprachliches Input bekommt. Die ‚schwache' Sprache kann man gezielt fördern mit Hilfe von Märchenbüchern und Zeichentrickfilmen in dieser Sprache oder im Rahmen einer Reise ins Land, in dem diese Sprache als Staatssprache gesprochen wird. Für weitere Ratschläge siehe Burkhardt Montanari (2000).

### 4.2 Anzeichen dafür, dass man professionelle Hilfe in Anspruch nehmen sollte

Burkhardt Montanari (2000) sammelte die Fälle in denen man eine Fachfrau/ einen Fachmann um Rat bitten sollte:

- Ein zweijähriges Kind verfügt über nicht mehr als zehn bis zwanzig Wörter. Es bildet keine Zwei-Wort-Sätze („Mama Eis").
- Ein vierjähriges Kind kann nicht erzählen, was es tagsüber im Kindergarten gemacht hat. Es sollte also über etwas berichten können, das nicht anwesend ist. Das muss es natürlich nicht jeden Tag tun – es sollte aber grundsätzlich dazu in der Lage sein.
- Ein fünfjähriges Kind kann nicht alle Laute richtig aussprechen.
- Die Eltern haben das vage Gefühl, dass ‚etwas nicht stimmt' oder dass das Kind ‚nicht gut zuhört'.
- Das Kind stammelt oder stottert länger als sechs Monate.
  (Burkhardt Montanari 2000: 63)

## 5. Zusammenfassung

Kinder sind nicht nur fähig, sich von Geburt an parallel mehrere Erstsprachen anzueignen, sie können sie schon früh (mit 2–3 Jahren) voneinander trennen. Der simultane Erwerb mehrerer Sprachen ist mit keinerlei Nachteilen verbunden. Es konnte weder der Zusammenhang zwischen Sprachstörungen und Zweisprachigkeit noch eine Verspätung im Spracherwerb wissenschaftlich nachgewiesen werden. Sprachmischung und Sprachwechsel sollten als ganz normale und positive Begleiterscheinungen der zweisprachigen Erziehung betrachtet werden.

Die Vorteile des simultanen Zweitspracherwerbs sind u.a. das frühe Erwerben eines metasprachlichen Wissens, der akzentfreie Erwerb der beiden Sprachen, die positiven Auswirkungen auf die kognitiven Fähigkeiten und späteren schulischen Leistungen und das leichtere, nachzeitige Erlernen einer Fremdsprache. Um den Kindern zu helfen, beide Sprachen ausreichend zu erwerben, sollte man die *Eine Person – eine Sprache Strategie* verwenden und darauf achten, dass die Kinder in beiden Sprachen ausreichend sprachliches Input bekommen.

## Literatur

Apeltauer, Ernst (2001): Grundlagen des Erst- und Fremdsprachenerwerbs. Berlin: Langenscheidt.

Au-Yeung, James/Howell, Peter/Davis, Steve/Charles, Nicole/Sackin, Stevie (2000): UCL survey of bilingualism and stuttering. Paper appearing at the 3rd World Congress on Fluency Disorders. Nyborg, Denmark.

Burkhardt Montanari, Elke (2000): Wie Kinder mehrsprachig aufwachsen. Ein Ratgeber. Frankfurt: Brandes und Apsel.

Grießhaber, Wilhelm (2001): Erwerb und Vermittlung des Deutschen als Zweitsprache. In: Deutsch in Armenien. Teil 1: 2001/1, 17–24; Teil 2: 2001/2, 5–15. Jerewan: Armenischer Deutschlehrerverband. http://spzwww.uni-muenster.de/griesha/pub/tdaz-eri.pdf (zuletzt geprüft am 01.03.2015)

Kielhöfer, Bernd/Jonekeit, Sylvie (1998): Zweisprachige Kindererziehung. Stauffenburg, Tübingen.

Landesverband Nord der Stotterer-Selbsthilfe e.V. www.lvord-stottern.de/2.html (zuletzt geprüft am 01.03.2015).

Schlobinski, Peter (2014): Grundfragen der Sprachwissenschaft. Eine Einführung in die Welt der Sprache(n). Göttingen: Vandenhoeck & Ruprecht.

Tracy, Rosemarie (2002): Themenschwerpunkt „Spracherwerb". Deutsch als Erstsprache: Was wissen wir über die wichtigsten Meilensteine des Erwerbs. Informationsbroschüre 1/2002 der Forschungs- und Kontaktstelle Mehrsprachigkeit.

Universität Mannheim. http://www0.ids-mannheim.de/prag/sprachvariation/
fgvaria/Info-Spracherwerb-2002.PDF (zuletzt geprüft am 01.03.2015)

Tracy, Rosemarie (2008): Wie Kinder Sprachen lernen. Und wie wir sie dabei
unterstützen können. Tübingen: Narr Francke Attempo.

Zang, Jana (2012): Multilinguale Stotterdiagnostik: Vergleich der diagnosti-
schen Möglichkeiten monolingual deutschsprachiger und bilingual deutsch-
türkischsprachiger Diagnostiker. Dissertation, Aachen. http://publications.
rwth-aachen.de/record/211380/files/4398.pdf (zuletzt geprüft am 01.03.2015)

Alina Moldovan

Lucian Blaga Universität Sibiu (Rumänien)

# Das Kinder- und Jugendtheater als Ort der interkulturellen Begegnung und Mehrsprachigkeit

*The article provides an insight into interculturalism and multilingualism with reference to theatre as a means of cultural and artistic expression, as well as a place of encounter and as an educational process, while providing a learning environment conducive to the acquisition of intercultural and language skills.*

Der vorliegende Beitrag beschreibt eine mehrsprachige Kulturinstitution, das *Gong Theater* für Kinder und Jugendliche in Siebenbürgen, das als ein Erwerbsmedium interkultureller Kompetenz und als ein Ort der Begegnung von Interkulturalität und Mehrsprachigkeit wirksam ist. Zu diesem Zweck wird zunächst das Verständnis der Interkulturalität und der Mehrsprachigkeit in Verbindung zum Theater als kulturelle und künstlerische Ausdrucksform, sowie als theaterpädagogischer Prozess und als Ort der kulturellen Begegnung durch Definitionen geklärt.

Interkulturalität wird im Duden als das „für die kulturelle, sprachliche oder religiöse Verschiedenheit der Mitglieder einer Gesellschaft" sensibilisiertes Bewusstsein definiert (vgl. Duden.de). Diese Definition kann das in Siebenbürgen traditionelle Zusammenleben der rumänisch-sprachigen Mehrheit mit den verschiedenen Minderheiten (z.B. ungarische und deutsche Minderheiten), das sich zu einer von Mehrsprachigkeit geprägten Gemeinschaft entfaltet hat, erfassen. Es geht um eine Interkulturalität, die einerseits historisch gewachsen ist und die sich durch die Kommunikation und Interaktion zwischen unterschiedlichen Kulturen kennzeichnet. Andererseits führte die Öffnung der Grenzen nach der Wende zu einer Internationalisierung und damit auch zu Kooperationen und internationalen Begegnungen, so dass Interkulturalität und das Zusammentreffen verschiedener Kulturen eine Selbstverständlichkeit geworden ist, wobei sich „die meisten, insbesondere die modernen Kulturen" als „zugleich multikulturelle Gemeinschaften mit ausgeprägten interkulturellen Differenzen" erweisen (vgl. Zentrum für Interkulturelle Studien Mainz 2010).

Interkulturalität ergibt sich durch die Begegnung, die Akzeptanz, den Respekt, die Kommunikation und die Beziehungen von Menschen, die verschiedenen

Kulturen entstammen, aus der gegenseitigen Anerkennung und Sensibilisierung für verschiedene Lebensweisen, Werte und Auffassungen, usw.

Das Theater ist und war „ein Wegweiser durch das bürgerliche Leben, ein unfehlbarer Schlüssel zu den geheimsten Zugängen der menschlichen Seele" (Schiller 1879). Theaterstücke spiegeln teilweise die Mentalität der Zeit wider und bieten einen gewissen Einblick in die Lebensbedingungen der Menschen. Jenseits der „Lehre" und Information, die im Theater vermittelt wird, bietet das Theater auch Gelegenheit, die Natur des Menschen tiefer zu begreifen. „Ein Theaterstück, ob gut oder schlecht, enthält immer ein Abbild der Welt. Ob gut oder schlecht zeigen die Schauspieler, wie sich Menschen unter bestimmten Umständen benehmen." meint Brecht, und „der Zuschauer wird ermutigt, bestimmte Schlüsse zu ziehen über den Gang der Welt. Wenn er sich so und so benimmt, kann er – so hört er, damit rechnen, dass das und das die Folge ist" (Brecht 1963: 60f.).

Die Funktion des Theaters wandelte sich im Laufe der Jahrhunderte immer wieder. Mal galt das Theater als moralisch, mal als bedrohliche Unterhaltung, mal als Manipulationsinstrument oder als Mittel zur Vermittlung verschiedener politischer, sozialer oder religiöser Ansichten. Oft stand die Funktion des Theaters als Lern- und Erfahrungsmedium im Vordergrund. Zuschauer wie Schauspieler finden im Theater Identifikationsmöglichkeiten, so dass Empathie gefördert wird, die zu einem besseren Verständnis der Mitmenschen und der kulturellen Hintergründe führt und zwischenmenschliche Beziehungen erleichtert.

Darüber hinaus geht es beim Drama um die Individualität des Individuums, um die Einzigartigkeit jeder menschlichen Essenz (vgl. Way 1990: 3), eine Einzigartigkeit, die kulturell prägt und geprägt ist. Kultur kann als ein Orientierungssystem gesehen werden, ein System, welches das „Denken, Fühlen, Wahrnehmen und Handeln beeinflusst und handlungsorientierend wirkt." (Friesenhahn 2008: 1). Das Theater kann den Menschen erziehen, ihn durch Anschauung dazu bewegen, die eigenen Handlungen und Überzeugungen zu reflektieren, eigene Fehler zu erkennen und einzusehen, ihn grundsätzlich eines Besseren belehren. Diese Auffassung vertraten vor allem die Klassiker. Im Theater werden Menschen mit Erfahrungen konfrontiert, die sie im eigenen Leben zu vermeiden versuchen, zu erleben wünschen oder tatsächlich erlebt haben, mit Gegensätzen und Widersprüchen konfrontiert, die sie vielleicht in ihrem Alltag nicht erkennen.

> Welche Verstärkung für Religion und Gesetze, wenn sie mit der Schaubühne in Bund treten, wo Anschauung und lebendige Gegenwart ist, wo Laster und Tugend, Glückseligkeit und Elend, Torheit und Weisheit in tausend Gemälden fasslich und wahr an dem Menschen vorübergehen, wo die Vorsehung ihre Rätsel auflöst, ihren Knoten vor seinen Augen entwickelt, wo das menschliche Herz auf den Foltern der Leidenschaft seine

leisesten Regungen beichtet, alle Larven fallen, alle Schminke verfliegt und die Wahrheit unbestechlich wie Rhadamanthus Gericht hält (Schiller 1879).

Im Theater können Zuschauer und Mitwirkende fremde Kulturen erleben, gestalten und begreifen. Dieses kann für alle Beteiligten als förderliche Umgebung zur Entwicklung der interkulturellen Kompetenz gesehen werden. Interkulturelle Kompetenz setzt Analyse, Handlung und Reflexionskompetenz voraus. Dabei spielt das Bewusstsein für die eigene Kultur eine große Rolle, denn Fremdes wird dem Eigenen gegenübergestellt. Interkulturelle Kompetenz bedeutet auch das Interesse daran, Informationen über unterschiedliche Lebenssituationen, Sprachen und Auffassungen in Erfahrung zu bringen und nachzuvollziehen, Handlungsweisen in Alltagssituationen zu erkennen und Offenheit und Bereitschaft zur Kommunikation zu zeigen. Interkulturelle Kompetenz bedeutet kurz gefasst, einen Perspektivenwechsel vornehmen zu können und hinsichtlich dem Selbst- und dem Fremdbild zu reflektieren und entsprechend zu handeln (vgl. Pries/Pries/Wannöffel 2011: 27 ff.).

Das Theater kann als ein günstiges Umfeld zur Entwicklung der interkulturellen Kompetenz gesehen werden. Damit ist das Theater als Institution, als Mittel, und als Medium gemeint. Zu den Methoden, die für die Entwicklung der interkulturellen Kompetenz empfohlen werden, zählen mehrere theaterspezifische Methoden, wie beispielsweise reflektierte Erfahrung, Simulation, Übung (z.b. Selbsterfahrungsübungen) oder das Rollenspiel (vgl. Friesenhahn 2002: 54–63).

Das Theater ermöglicht Erfahrungen und Perspektivwechsel durch unmittelbares Erleben, als Zuschauer durch Empathie und als Mitwirkender durch das Ausüben von verschiedenen Handlungsweisen in diversen Lebenssituationen. Es bietet die Möglichkeit, im Rahmen einer sicheren Umgebung das Leben, die Menschen und die zwischenmenschlichen Beziehungen zu studieren. Lösungsmöglichkeiten für beispielsweise Konfliktsituationen können ausprobiert werden und Reaktionen auf Aktionen, sowie Folgen der diversen Handlungsweisen können unter imaginären und doch erlebten Umständen experimentell simuliert werden. Dadurch entsteht die Möglichkeit, Erfahrungen zu machen, ohne Risiken im realen Ablauf des eigenen Lebens einzugehen.

Rollenspiele erweisen sich beispielsweise als effizient im Kampf gegen Rassismus und Intoleranz. Sie ermöglichen mittels des Identitätstransfers das Trainieren von Empathie und Erkennen von Ansichten, Einschätzen von Situationen und Verstehen von Handlungsweisen. Das Rollenspiel kann die Empathie fördern und zum Verstehen der eigenen Person verhelfen. Durch den Identitätstransfer kann das Individuum die Dimension der selbst erlebten Umstände oder Lebenssituationen besser wahrnehmen, einschätzen, verstehen und nachvollziehen.

Im Folgenden wird das Kinder-und Jugendtheater als ein Ort der Mehrsprachigkeit und der interkulturellen Begegnungen beschrieben, wobei mehrere Aspekte vorgestellt werden: Theater als Unterstützungsmöglichkeit beim Erwerb einer Fremdsprache, Theater/Schauspiel als Ausdrucksmöglichkeit und Freizeitaktivität, sowie institutionsbedingt, als soziale, interkulturelle und ästhetische Erfahrungsbildung. Das *Gong Theater* in Hermannstadt bietet gezielt Vorstellungen für Kinder und Jugendliche an und kooperiert auch mit Kindergärten und Schulen. Es hat zwei Abteilungen, eine in rumänischer Sprache und eine in deutscher Sprache. Die deutsche Abteilung des Kinder- und Jugendtheaters *Gong* in Hermannstadt, besteht (mit einer kurzen Unterbrechung) seit 1950.

Das Ensemble der deutschen Abteilung kann sowohl als multikulturell als auch als mehrsprachig bezeichnet werden. Die Schauspieler sind sächsischer, deutscher, rumänischer, ungarischer oder gemischt kultureller ethnischer Herkunft, was bedeutet, dass in dieser Gruppe verschiedene Sprachen gesprochen werden und dass Sprecher ihre Sprache spontan an den jeweiligen Zuhörer anpassen. Die sich daraus ergebende Mehrsprachigkeit des Ensembles wird auch zu Gunsten des rumänischsprechenden Publikums eingesetzt, und die Geschichten der deutschen Abteilung werden auch in rumänischer Sprache inszeniert und aufgeführt. So kommt es dazu, dass aus der deutschen Sprache übersetzte Geschichten Zugang zum rumänischen Publikum finden und ein weiterer interkultureller Austausch ermöglicht wird.

Das Theater bietet als Institution den Raum für gesellschaftliches Aufeinandertreffen. Im Theater treffen sich Erwachsene und Kinder mit verschiedenen Muttersprachen und kultureller Herkunft. Konkret können Kinder mit deutscher Muttersprache mit Kindern mit rumänischer Muttersprache und Erwachsene, die entweder einsprachig oder mehrsprachig sind, miteinander in Kontakt treten und sich über die Vorstellung austauschen.

Das Theater erweist sich nicht nur als ein Ort der Begegnung mit anderen Menschen, sondern auch als Ort, an dem Handlungen, Auffassungen, Anschauungen, Interpretationen, wahrgenommen werden können und die Möglichkeit zur Reflexion und Emotion geboten wird. Die Vorstellungen des Hausensembles bieten eine große Vielfalt literarischer Werke und die Möglichkeit, internationale Dramaturgie zu bearbeiten und vorzustellen.

Die vorgestellten Stücke bieten die Möglichkeit, Werte, Rituale, Symbole und Helden anderer Kulturen kennenzulernen. Darüber hinaus sind die verschiedenen Stücke sowohl für die Mitglieder des Ensembles als auch für die verschiedenen Zielgruppen aufschlussreich, unterhaltsam und inhaltlich lehrreich. Darunter sind nicht nur die gezielt vermittelten Lehren zu verstehen, sondern auch alle ästhetischen, moralischen und ethischen Werte, die im Laufe der Aufführung das

Publikum erreichen. Das heißt, die Inszenierungen weisen einen bildenden Charakter auf, sie sind zugleich lehrreich und unterhaltend.

Die Vorstellungen der deutschen Abteilung werden in deutscher Sprache angeboten, wodurch nicht nur Nicht-Muttersprachler angesprochen werden, sondern auch die Sprachkompetenz der Nicht-Muttersprachler gefördert wird. Außerdem ist auch die Möglichkeit gegeben, Stücke, die aus der rumänischen Kultur stammen, der deutschstämmigen Gemeinschaft zu präsentieren.

Das Repertoire erfasst sowohl Inszenierungen wohlbekannter Werke der Kinderliteratur, wie zum Beispiel *Pinocchio* von Carlo Collodi (Ital.), *Die kleine Hexe* nach Otfried Preussler (Dt.), *Die Bremer Stadtmusikanten*, *Der Froschkönig*, und *Hänsel und Gretel* nach den Brüdern Grimm, die Bubengeschichte *Max und Moritz* nach Wilhelm Busch (Dt.) als auch für das Publikum eher unbekannte Geschichten, wie beispielsweise die Aufführung von *Sophiechen und der Riese* nach Roald Dahl (GB), von David Wood (GB); interaktive, bunt gestaltete Stücke, wie *Zauber, Zauber, Zauberei*, und märchenhafte Darstellungen, wie zum Beispiel *Da Yang und die Prinzessin Da Yin* (inspiriert durch ein orientalisches Märchen), unter der Regie von Eva Labadi. Interessant ist, dass einige der Vorstellungen bereits im Inszenierungsprozess von Interkulturalität und Mehrsprachigkeit geprägt wurden.

Gastspiele und Festivals bieten durch Teilnahme, Kooperation und Austausch internationaler Ensembles, Mitwirkender und Besucher viel Raum für Interkulturalität und Mehrsprachigkeit. Sie ermöglichen die direkte Begegnung und Auseinandersetzung mit anderen Kulturen, Diversität, Sprachen und Visionen (z.B. Japanisches Theater). Durch die Vielfalt der Theaterformen und unkonventioneller Spielorte (z.B. Straßentheater) wird außerdem die Theatererfahrung allen Menschen zugänglich gemacht.

Um das kulturelle Interesse zu erwecken, ist auch die *Karawane des Theaters* ins Leben gerufen worden. Hierbei werden altersgemäße Theaterstücke in Kindergärten oder Schulen vorgeführt und der erzieherische Aspekt des Theaters verdeutlicht und hervorgehoben. Die Stücke erfreuen sich in diesen Fällen einer Vorbereitung und Nachbereitung mittels Gesprächen und Workshops. Das Theater bietet auch ein theaterpädagogisches Begleitmaterial, das den Erziehern und Lehrern kreative Impulse für die Festigung der vermittelten Inhalte geben soll. In Kindergärten wird beispielsweise derzeit eine Inszenierung der Geschichte *Wer hat Miau gesagt?* von Wladimir Sutejew vorgeführt. Dieses Projekt befindet sich zurzeit noch im Anfangsstadium und gehört erst seit 2016 zum festen Angebot des Kinder- und Jugendtheaters.

Die Deutsche Abteilung des Theaters bietet auch Workshops und Diskussionsrunden in deutscher Sprache an. Die Zielgruppe sind Kinder, Jugendliche und

Erwachsene. Die Diskussionsrunden richten sich an Erwachsene und thematisieren die Verbindung zwischen Theater und Bildung, wobei Lehrpersonen und Eltern dazu eingeladen werden. Im Rahmen dieser Diskussionsrunden findet ein interkultureller Meinungsaustausch statt, wobei verschiedene Ansichten hinsichtlich beispielsweise literarischer Anregungen zum Vorschein kommen.

In monatlichen Workshops zur Persönlichkeitsentwicklung können Kinder und Jugendliche durch theaterpädagogische Methoden neue Erfahrungen machen und gleichzeitig ihr Deutsch üben. Durch Simulationsspiele, Selbsterfahrungsübungen, Rollenspiele, Improvisation wird das Bewusstsein der Teilnehmer für die Besonderheiten der eigenen und einer fremden Kultur sensibilisiert. Im Rahmen dieser Workshops werden Begegnung und Auseinandersetzung mit sich selbst und Mitmenschen der gleichen oder einer anderen Kultur ermöglicht. Somit kommen gemischtkulturelle Gruppen zusammen und ermöglichen einen interkulturellen Dialog.

Die Deutsche Abteilung hat im Laufe der Jahre durch ihr Repertoire einen wichtigen Platz im außerschulischen Lehrangebot von Kindergärten und Schulen mit deutscher Unterrichtssprache gewinnen können. Mittlerweile kennzeichnet es sich nicht nur durch das altersgemäße, mehrsprachig und interkulturell und an den Wünschen und den Bedürfnissen der Kindergärten und Schulen ausgerichtete Repertoire, sondern auch durch weitere Aktivitäten, wie zum Beispiel deutschsprachige Workshops zur persönlichen Entwicklung durch Theater, offene Proben, einen *Tag der Deutschen Abteilung*, eine *Karawane des Theaters*, didaktisch gestaltete mehrsprachige Programmhefte, Diskussionsrunden mit Lehrkräften und Eltern, u.v.m.

Weitere spannende Produktionen und Projekte stehen bereits im Programm, wie zum Beispiel die Inszenierung von *Rapunzel* nach den Brüdern Grimm, sowie auch Tourneen und weitere theaterpädagogische Projekte, wobei die Erziehung und Entwicklung der Kinder und Jugendlichen zum und durch Theater angestrebt wird.

Das Theater gewährleistet den Kindern und den jugendlichen Besuchern einen sichern Experimentierraum und bietet vielfältige Ausdrucksmöglichkeiten, Erkundungsaktivitäten, sowie soziale, interkulturelle und ästhetische Erfahrungsbildung. Es ist ein Ort der Mehrsprachigkeit und Interkulturalität und bietet zugleich ein lernförderliches Umfeld für den Erwerb interkultureller und sprachlicher Kompetenzen.

# Literatur

Brecht, Bertolt (1963): Schriften zum Theater, Frankfurt am Main: Suhrkamp.

Duden.de: Interkulturalität. www.duden.de/rechtschreibung/Interkulturalitaet (zuletzt geprüft am 16.04.2016)

Friesenhahn, Günter (2002): Interkulturelle Kompetenz zwischen Pflicht und Kür. Sozialpädagogische Verortung eines schillernden Begriffs. In: Projektarbeit 1/2002, S. 54–63.

Friesenhahn, Günter (2008): Interkulturell – Ein Begriff macht Karriere. www.dija.de/fileadmin/medien/downloads/Dokumente/Guenter1IKL.pdf (zuletzt geprüft am 15.04.2016.)

Pries, Karin/Pries, Ludger/Wannöffel, Manfred (2011): Interkulturelle Kompetenz in grenzüberschreitenden Arbeitszusammenhängen, Arbeitspapier Bildung und Qualifizierung, Nr. 235, Düsseldorf.

Schiller, Friedrich (1879): Die Schaubühne als eine moralische Anstalt betrachtet. http://gutenberg.spiegel.de/buch/-3328/1 (zuletzt geprüft am 15.04.2016)

Way, Brian (1990): Development through Drama, Atlantic Highlands, N.J.: Humanities Press.

Zentrum für Interkulturelle Studien Mainz (2010): Interkulturalität. http://www.zis.uni-mainz.de/106.php (zuletzt geprüft am 25.03.2016)

# Deutsch als Fremd- und Minderheiten- sprache im Donauraum

Liana Regina Iunesch

Lucian Blaga Universität Sibiu (Rumänien)

# Interkulturalität und Mehrsprachigkeit an Schulen mit deutscher Unterrichtssprache in Rumänien: Wahrnehmungen und Ansichten

*After the collapse of the GDR, many German minorities emigrated from Romania to Germany. While rural areas in Romania witnessed a decline of German-language education, urban schools with instruction in German attracted a wide range of students. The article analyses the strengths, challenges and necessary reforms of multilingualism and interculturality in German-language education, as perceived by teachers, parents and alumni of German-language educational institutions in Romania.*

Von Schulen mit deutscher Unterrichtssprache in Rumänien kann behauptet werden, dass sowohl Interkulturalität, im Sinne des Zusammentreffens mehrerer Kulturen, als auch Mehrsprachigkeit hier bereits seit der Gründung der Schulen gegeben waren. An Schulen mit deutscher Unterrichtssprache erlernten bereits im 19. Jahrhundert Kinder aus rumänischsprachigen, deutschsprachigen oder ungarischsprachigen Familien außer der Unterrichtssprache Deutsch mindestens eine weitere Fremdsprache (vgl. Iunesch 2012).

Schulen mit deutscher Unterrichtssprache in Rumänien sind heutzutage staatliche Schulen, in denen aufgrund der minderheitenfreundlichen Bildungspolitik in Rumänien der gesamte Unterricht in der Sprache der deutschen Minderheiten stattfinden darf.[1] Die rumänische Staatssprache muss in der gleichen Wochenstundenzahl wie die Muttersprache im Curriculum vorkommen.

Die Minderheiten dürfen für den Unterricht der Muttersprache und des Faches Musik die eigenen Lehrwerke und Lehrpläne bzw. Curricula erstellen. Für alle anderen Unterrichtsfächer werden die Lehrwerke auf Kosten des Staates übersetzt und es gelten die gleichen curricularen Vorgaben wie für die Schulen und Abteilungen mit rumänischer Unterrichtssprache.

Bis zur Wende wurden die Schulen und Abteilungen mit deutscher Unterrichtssprache vorwiegend von Angehörigen der deutschen Minderheiten besucht. In den Städten war jedoch der Anteil an rumänischen Schülern, für die die Eltern

---

1    In Rumänien gibt es 18 staatlich anerkannte Minderheiten, für die das Recht, einen Bildungsweg in der Muttersprache zu absolvieren, in der Verfassung verankert ist.

einen Bildungsweg in deutscher Sprache als vielversprechend einschätzten, in manchen Jahren sehr hoch (vgl. Iunesch 2012). Die hohe Zahl an rumänischen Schülern machte es in den Jahren nach der Wende und der Abwanderung eines großen Teils der zu den deutschsprachigen Minderheiten gehörenden Bürgern möglich, dass Klassen mit Unterricht in deutscher Sprache in den Städten erhalten werden konnten. In den vergangenen zehn Jahren blieb die Zahl der Schüler an Kindergärten, Schulen und Gymnasien mit deutscher Unterrichtssprache in ganz Rumänien konstant bei etwa 20.000 (vgl. Bottesch 2012).

Vor der Wende gab es oft Schülerklassen, in denen etwa zwei Drittel der Schüler Deutsch als Muttersprache sprachen und noch keine Rumänischkenntnisse erworben hatten. Rumänisch wurde in den ersten vier Schuljahren als Fremdsprache gelehrt. Ein Drittel der Schülerinnen sprach Rumänisch als Muttersprache und musste die Unterrichtssprache Deutsch noch erwerben (vgl. Iunesch 2012).

Nach der Wende wanderte der größte Teil der Deutsch als Muttersprache sprechenden Minderheit aus und die Bildungseinrichtungen mit deutscher Unterrichtssprache wurden in vielen Dörfern geschlossen. In den Städten blieben sie erhalten, wo sie seit etwa 15 Jahren für die Mehrheitsbevölkerung als attraktive Bildungsvariante wahrgenommen werden (vgl. Hermann 2012, König 2012).

Dadurch, dass die Schüler fast ausschließlich aus rumänischen Familien stammen, gibt es keine Begegnung mehr zwischen Kindern, die zur deutschsprachigen Minderheit gehören und Kindern, die zur rumänischsprachigen Mehrheit gehören, sondern eher eine Begegnung rumänischer Kinder mit der deutschen Sprache und Kultur. Aus dieser Begegnung heraus entwickeln die Kinder eine neue Zwischenidentität und ein Selbstverständnis, die auch im Verhältnis zur Herkunftskultur als wertvoll empfunden werden (vgl. Dan 2014).

Um die Wahrnehmung der Eltern, Absolventen und Lehrpersonen zu aktuellen Stärken, Schwächen und nötigen Maßnahmen für die aktuelle Situation der Schulen mit deutscher Unterrichtssprache zu erfahren, wurde 2014 eine Erhebung durchgeführt, der eine qualitative Studie vorausgegangen war (vgl. Zoppelt et al. 2015).

## Studie zur Wahrnehmung der Stärken, Probleme und Chancen

Die Studie zur Wahrnehmung der Stärken, Probleme, Chancen und nötigen Maßnahmen sollte die Wahrnehmungen von systemfernen Personen (Eltern und Absolventen, N = 366) und von systemnahen Personen (Lehrpersonen im Schulsystem mit deutscher Unterrichtssprache, N = 136), von Deutsch als Muttersprache sprechenden Personen (N = 155) und von Rumänisch als Muttersprache sprechenden Personen (N = 343), von in den Hochburgen (Hermannstadt/Sibiu und Kronstadt/Brașov, N = 242) und von in anderen Kreisen lebenden Personen

(N = 222) erheben und vergleichen. Die Studie umfasste sieben Fragenkomplexe, wobei zu jeder Einzelfrage auch die Möglichkeit bestand, eine offene Antwort in deutscher oder rumänischer Sprache zu formulieren, um Fragen zu ergänzen oder zusätzliche Aussagen zu machen. Die sieben Fragenkomplexe gehörten zu den drei Dimensionen Stärken, Probleme und Maßnahmen. Die Fragen, die Interkulturalität oder Mehrsprachigkeit betreffen, weil entweder die beiden Begriffe in den Auswahlmöglichkeiten genannt wurden, oder weil sie in den offenen Antworten vorkommen, betreffen die Dimension der Stärken, die drei Einzelfragen mit mehreren Auswahlmöglichkeiten umfasst. Die drei Fragen zur Dimension der Stärken sind:

1. Wir leben in Rumänien. Wozu braucht es hier Schulen mit Unterricht in deutscher Sprache?
2. Wo liegen gegenwärtig die Stärken des deutschsprachigen Unterrichts in Rumänien?
3. Welche Vorteile haben Absolventen von Schulen mit deutschsprachigem Unterricht?

Der Stellenwert der Interkulturalität und Mehrsprachigkeit in den Antworten der Probanden wird im Folgenden für die drei Fragenkomplexe einzeln beschrieben.

## Wozu Schulen mit deutscher Unterrichtssprache in Rumänien?

Das Thema der Interkulturalität und das Thema der Mehrsprachigkeit wurden in der Studie in den Fragekomplexen 1 und 7 berücksichtigt. Im Fragenkomplex 1 wird nach der Begründung für die Existenz von Schulen mit deutscher Unterrichtssprache gefragt, wobei multikulturelle Erziehung, als heutzutage wichtiges bildungspolitisches Ziel an vierter Stelle als Auswahlmöglichkeit genannt wird.

Fragenkomplex 1:
Wir leben in Rumänien. Wozu braucht es hier Schulen mit Unterricht in der deutschen Sprache?

a. Damit man besser Deutsch lernt als im Fremdsprachenunterricht.
b. Damit die deutsche Minderheit ihre Muttersprache bewahren kann.
c. Damit die Tradition des deutschen Unterrichts in Rumänien fortgeführt wird.
d. Damit eine multikulturelle Erziehung der Schüler ermöglicht wird.
e. Um der großen Nachfrage seitens der Eltern nachzukommen.
f. Weil es eine große Nachfrage für deutschsprachige Arbeitskräfte auf dem Arbeitsmarkt gibt.

Die Antworten der insgesamt 581 Probanden fielen wenig differenziert aus, alle Aussagen des ersten Fragenkomplexes erfuhren hohe Zustimmung, da alle Mittelwerte sich zwischen 1 (trifft voll zu) und 2 (trifft zu) befinden. Die höchste Zustimmung erfuhr Begründung d (Mittelwert 1,42) und an zweiter Stelle stand Begründung a (Mittelwert 1,45). Auch Begründung e erfährt Zustimmung, steht allerdings erst an dritter Stelle. Die Nachfrage nach Arbeitskräften mit Deutschkenntnissen (Begründung f) wird am wenigsten als Existenzberechtigung der Schulen mit deutscher Unterrichtssprache gesehen (Mittelwert 2,03). Die Fortführung der Traditionen der Minderheit oder die Bewahrung der Muttersprache (Begründungen c und b) erfuhren zwar Zustimmung, doch gehörten die beiden Begründungen nicht zu den erstgenannten Rechtfertigungen für die Existenz dieser Schulen.

Im Gruppenvergleich ergaben sich im ersten Fragenkomplex keine signifikanten Unterschiede, die einen Bezug zu Mehrsprachigkeit oder Interkulturalität haben. Bei Begründung 1d („Damit eine multikulturelle Erziehung der Schüler ermöglicht wird.") zeigten die Gruppenvergleiche zwischen Rumänisch als Muttersprache vs. Deutsch als Muttersprache, Eltern/Absolventen vs. Lehrende und Hochburgen vs. andere Landkreise wider Erwarten eine hohe Zustimmung aller Probanden (vgl. Zoppelt et al. 2015).

Zu Fragenkomplex 1 äußerten 23 Probanden Bemerkungen oder Ergänzungen in deutscher Sprache und 39 Probanden in rumänischer Sprache. Von den 23 Ergänzungen in deutscher Sprache beziehen sich 9 auf interkulturellen Austausch bzw. Erhalt der kulturellen Identität oder auf Mehrsprachigkeit. Die Ergänzungen der deutschsprachigen Probanden berühren inhaltlich die Themen Erhalt der Identität der Minderheit, Vorteile der Kenntnis der deutschen Sprache, Entwicklung durch interethnische Beziehungen und interkulturellen Austausch und beinhalten positive Wertungen, die den Schluss zulassen, dass die Schulen mit deutscher Unterrichtssprache und die deutsche Sprache und Kultur hoch geschätzt werden. Von den 9 Antworten werden 6 exemplarisch herausgegriffen:

1. [um] einen leichteren interkulturellen Austausch zu ermöglichen und [damit] die Kinder […] sich leichter [entwickeln]
2. interethnische Horizonterweiterung
3. um westliche Offenheit und freiheitliches Denken zu ermöglichen
4. weil Zwei- und Mehrsprachigkeit […] im Allgemeinen die Entwicklung der Persönlichkeit fördert.
5. der Blick in eine andere Kultur durch die deutsche Sprache.
6. Weitergeben der Tradition eines ernsten Unterrichtswesens, [das] die Schüler motiviert, [und das] ihnen Freiraum zur persönlichen Entfaltung gibt.

In den offenen Antworten der deutschen Muttersprachler in Rumänien kommt die Überzeugung zur Sprache, dass interkultureller Austausch die Entwicklung der Kinder begünstigt, dass durch die Schulen mit deutscher Unterrichtssprache freiheitliches Denken ermöglicht wird und dass Mehrsprachigkeit die Entwicklung der Persönlichkeit fördert. Die offenen Antworten in deutscher Sprache präsentieren ein Schulsystem, das „ernst" ist, das Kindern die Möglichkeit der Entfaltung bietet und sie motiviert.

Von den rumänischsprachigen Probanden nahmen mehrere die Gelegenheit wahr, eine offene Antwort zu formulieren. Die Begründungen berühren Punkte, die ebenfalls positive Wertungen und eine positive Einstellung zur deutschsprachigen Schule, zur deutschen Kultur und Sprache enthalten. 16 von den 39 offenen Antworten berühren die Themen Interkulturalität oder Mehrsprachigkeit. 6 offene Antworten werden im Folgenden exemplarisch in eigener Übersetzung zitiert:

1. Wegen des Austauschs mit Kindern aus deutschsprachigen Ländern. Wegen der angenehmeren Unterrichtsweise.
2. In erster Linie müssen wir Fremdsprachen lernen, weil Rumänien ein europäisches Land ist.
3. Für die Entwicklung interkultureller Beziehungen von hoher Qualität.
4. Wegen der Seriosität, Integrität und des respektvollen Umgangs, den die deutsche Sprache und die Menschen aufweisen.
5. Die Lehrpersonen, die zur Minderheit gehören, bringen den Kindern eine gesunde Mentalität bei, z.B. Tugenden wie Korrektheit, Pünktlichkeit.
6. Der Unterricht ist offener, flexibler, interessanter, fördert die Fertigkeiten der Kinder und lehrt sie auch etwas anderes als zu „büffeln".

In den Antworten der rumänischsprachigen Probanden kommen Wertungen vor, die sich auf den Unterricht beziehen (angenehmere Unterrichtsweise), aber auch positive Stereotype, die im allgemeinen mit Deutschland oder Deutschen verbunden werden, wie Korrektheit, Pünktlichkeit, Seriosität, Integrität. Eine Antwort nimmt Bezug auf die europäische Bildungspolitik. Der Austausch mit Kindern aus deutschsprachigen Ländern wird von vielen Eltern gewünscht.

## Stärken des Schulsystems mit deutscher Unterrichtssprache?

Fragenkomplex 2 erfasst die Wahrnehmung der Probanden bezüglich der Stärken des Systems mit deutscher Unterrichtssprache, wobei acht Aussagen bewertet werden sollten:

2. Wo liegen gegenwärtig die Stärken des deutschsprachigen Unterrichts in Rumänien?
   a) Es gibt ein qualitativ hohes Unterrichtsniveau.
   b) Es gibt für die Lehrkräfte gute Fortbildungsangebote in deutscher Sprache.
   c) Die Schulen und Kindergärten erhalten die notwendige Unterstützung aus Deutschland.
   d) Die Schulen und Kindergärten erhalten die notwendige Unterstützung durch die Eltern.
   f) Die Eltern der Schüler in deutschsprachigen Einrichtungen legen großen Wert aufs Lernen.
   g) Für die Schulen spricht der berufliche Erfolg der Absolventen.
   h) Für die Schulen sprechen die außerschulischen Angebote.

In der quantitativen Analyse sind sich die Probanden einig in Bezug auf den beruflichen Erfolg der Absolventen, der den besten Mittelwert im Fragenkomplex 2 erhielt (1,84) und der in den Gruppenvergleichen keine signifikanten Unterschiede aufwies.

15 von 36 Probanden, die eine Ergänzung in den offenen Antworten abgaben, empfanden Interkulturalität oder Mehrsprachigkeit als Stärke des Systems, auch wenn die Frage nach den Stärken des Schulsystems keine Auswahlmöglichkeiten mit ausdrücklicher Erwähnung der Begriffe enthielt. Fünf der offenen Antworten im Fragenkomplex 2 werden exemplarisch zitiert:

1. Die Kenntnis anderer Traditionen und Sozialisierung durch außerschulische Angebote.
2. Die Kenntnis der deutschen Sprache auf hohem Niveau und die Möglichkeit, auch als Nicht-Zugehöriger zur Minderheit das Deutsche Sprachdiplom zu erwerben.
3. Die Tradition, die es zu erhalten gilt, der deutsche Geist und die Haltung der wirklich implizierten Personen, die sprichwörtliche Seriosität.
4. Der Unterricht in deutscher Sprache ist viel moderner mit Einflüssen aus dem Westen, die Lehrer sind viel flexibler und besser informiert.
5. Der Blick in eine andere Kultur durch die deutsche Sprache.

Zu den Stärken zählen deutschsprachige Probanden die Unterrichtsmethoden und die gute Ausbildung der Lehrpersonen. Die Traditionen der deutschen Minderheit werden vor allem von den rumänischsprachigen Probanden als Stärke gesehen.

## Welche Vorteile haben Absolventen?

Die Aussagen im Fragenkomplex 7, das den Zustimmungsgrad zu den möglichen Vorteilen der Absolventen von Schulen mit deutscher Unterrichtssprache erheben sollte, berührte auch mögliche Aspekte der interkulturellen Begegnung oder der Mehrsprachigkeit:

Welche Vorteile haben Absolventen von Schulen mit deutschsprachigem Unterricht?

a. Bessere Chancen für ein Auslandsstudium durch zertifizierte Fremdsprachen-kompetenz (*Deutsches Sprachdiplom*).

b. Bessere Chancen auf dem Arbeitsmarkt durch sehr gute Deutschkenntnisse.

c. Die Möglichkeit eines deutschsprachigen Studiums in Rumänien.

d. Interkulturelle Erfahrung.

e. Zugang zu Informationen in deutscher Sprache und zur deutschen Kultur.

Von den 5 Aussagen erhielten die ‚Chancen auf dem Arbeitsmarkt' die höchste Zustimmung (Mittelwert 1,28). Der Vorteil der interkulturellen Erfahrung stand an vierter Stelle, erhielt aber einen besseren Mittelwert als die Aussage zur multi-kulturellen Erziehung im ersten Fragebündel (Mittelwert 1,38 gegenüber 1,42). Die Gruppenvergleiche zeigten auch im Fragenkomplex zu den Vorteilen von Absol-venten einen hohen Zustimmungsgrad und Einigkeit aller Probanden. Es gab keine signifikanten Unterschiede, so dass behauptet werden kann, dass alle Probanden interkulturelle Erfahrung als Vorteil der Absolventen von Schulen mit deutscher Unterrichtssprache betrachten (vgl. Zoppel al. 2014).

Im Fragenkomplex 7 gab es 15 deutsche und 9 rumänische Antworten. Mehr als die Hälfte der Antworten bezogen sich auf das Thema der Interkulturalität oder Mehrsprachigkeit. Mehrere Sprachen zu kennen wird als Vorteil der Absolventen gesehen und obwohl dieser Aspekt in den Antwortmöglichkeiten angegeben war, gab es in verschiedenen Fragenkomplexen die frei formulierte Ergänzung zum Vorteil der Kenntnis mehrerer Sprachen. Die Ergänzungen in deutscher Sprache beinhalten auch Vorteile, die auf ein eigenes Werteverständnis zurückzuführen sind.

1. Fremdsprachen gut können ist immer und überall ein Vorteil.

2. Man kann drei Sprachen reden: Rumänisch, Deutsch und Englisch, vielleicht auch noch Französisch.

3. Teilhabe an europäischem Denken.

4. Dass sie weltoffener sind.

5. Der Zusammenhalt der ehemaligen Mitschüler, eine Gemeinschaft mit einem Wertesystem, das hoffen lässt…

6. Bessere Vorbereitung durch moderne Lehr- und Lernmethoden.

Auch im Fragenkomplex zu den Vorteilen der Absolventen kommen ähnliche positive Wertungen vor wie in den offenen Antworten zur Begründung der Existenz von Schulen mit deutscher Unterrichtssprache. Angesprochen wird wieder die Kenntnis mehrerer Sprachen und die Qualität der Schulen, die sich aus dem Kontakt mit dem deutschen Sprachraum ergibt. Ähnliche Inhalte vermitteln auch die offenen Antworten in rumänischer Sprache, die in eigener Übersetzung zitiert werden:

1. Zugang zu Informationen in deutscher Sprache und Zugang zur deutschen Kultur, was perfekt gelingt, wenn die Kinder in diesem Sinne beraten werden. Sonst verpassen sie diese Chance oder entdecken sie viel später.
2. Sie bekommen eine neue Lebensperspektive.
3. Sie haben bessere Chancen bei der Anstellung.
4. Die Kenntnis der deutschen Sprache und Kultur neben der rumänischen entwickelt die Persönlichkeit eines Kindes.
5. Es entwickelt sich eine Sprachlerneignung.

In den offenen Antworten in rumänischer Sprache kommen Überzeugungen vor, die noch nicht wissenschaftlich erfasst und überprüft wurden bzw. die in der Forschung als wissenschaftlich unhaltbare, subjektive Theorien gelten würden. Dazu gehört beispielsweise die Überzeugung, dass Abgänger einer Schule mit deutscher Unterrichtssprache bessere Chancen auf dem Arbeitsmarkt haben oder dass sich die Persönlichkeit eines Kindes durch die Kenntnis der deutschen Sprache und Kultur „leichter" oder „besser" entwickeln würde, was angesichts der Vielfalt an für den Lernerfolg interdependent wirksamen Faktoren wissenschaftlich schwer nachzuweisen wäre. Aus den offenen Antworten lässt sich eine leicht kritische Haltung zu Rumänien und dem rumänischsprachigen Schulsystem ablesen.

## Stereotype und Vorurteile

In den offenen Antworten fällt auf, dass die Antworten in deutscher Sprache auch Vorurteile und negative Wertungen enthalten, während in den rumänischen Antworten nur positive Wertungen der Schulen mit deutscher Unterrichtssprache, der deutschen Sprache und Kultur vorkommen. Auch in den Antworten und Ergänzungen zu den anderen Fragenkomplexen kommen Stereotype und Klischees vor. Von den 139 Antworten in deutscher Sprache beziehen sich 31 auf Interkulturalität oder Mehrsprachigkeit. 9 offene Antworten beinhalten Vorurteile gegenüber den Eltern oder negative Wertungen gegenüber der Schulleitung oder dem Bildungsministerium:

1. Eltern, Schulleitung und Ministerium haben kein Verständnis für den Unterricht.
2. Transfer, nicht Wiedergabe, Anschluss an aktuelle Modelle des deutschen Sprachraums.
3. Der Stress mit den Eltern ist manchmal kaum zu ertragen.
4. Kommt darauf an, in welchen Bereichen sich die Eltern beteiligen. Finanziell okay, aber bitte nicht mit methodischen und didaktischen Vorschlägen.

Das Schulsystem mit rumänischer Unterrichtssprache, das die Eltern der Schüler an Schulen mit deutscher Unterrichtssprache absolviert haben, wird negativ bewertet, als ein System, in dem die reine Wiedergabe des Gelernten erwartet wird. Lehrpersonen stoßen daher im deutschsprachigen Schulsystem oft auf Unverständnis, Konkurrenzverhalten und Erwartungen, die als „Stress" empfunden werden. Obwohl Lehrpersonen mit mangelndem Verständnis für ihre didaktischen Entscheidungen konfrontiert werden, sind in den rumänischen offenen Antworten nur positive Wertungen vorhanden, die sich sowohl auf das System als Ganzes, auf die deutsche Sprache und Kultur aber auch ausdrücklich auf die „andere" Unterrichtsweise beziehen. Von den 143 offenen Antworten in rumänischer Sprache enthalten 41 Stereotypen, und keine einzige offene Antwort beinhaltet eine negative Wertung:

1. Der Unterricht ist anders, die Kinder lernen Korrektheit, Pünktlichkeit, werden respektiert.
2. Erziehung und Disziplin, Pünktlichkeit und Ernsthaftigkeit. Die ruhige Autorität, ein Grund um sich selbst zu erziehen, aus Rücksicht und nicht mit Druck. Um die junge Generation anders zu erziehen als Demokratie in Rumänien aufgefasst wurde.
3. Der Unterricht ist offener, flexibler und interessanter, fördert die Fertigkeiten der Kinder und lehrt sie auch etwas anderes als zu büffeln.
4. Um Toleranz zu lernen.
5. Lernerzentrierung, die es den Schülern erlaubt, ihr Selbstvertrauen zu entwickeln.
6. Die Lehrenden sind viel motivierter, unternehmen viel Außerschulisches, haben eine viel praktischere und positivere Lebensphilosophie, die bei den Kindern das Selbstvertrauen und die Selbstsicherheit entwickeln.

Die Eltern, die einen rumänischsprachigen Bildungsweg absolviert haben, sehen den Unterricht in deutscher Sprache als „anders", „lernerzentrierter", „offener, flexibler und interessanter", „nicht mit Druck", die Lehrpersonen als „ruhige Autorität", als „motivierter" mit einer „praktischeren und positiveren Lebensphilosophie"

als sie es in ihrer eigenen Lernbiographie erlebt haben. Die offenen Antworten in
rumänischer Sprache widersprechen den Vorurteilen gegenüber den Eltern, wobei
nicht ausgeschlossen werden kann, dass die interkulturellen Konflikte, die sich
aus dem Zusammentreffen des rumänischsprachigen Bildungsweges der Eltern
und der als „anders" empfundenen deutschsprachigen Lehrtradition in Rumänien
ergeben, auch zu Stresssituationen führen können.

## Zusammenfassung und Ausblick

In Schulen mit deutscher Unterrichtssprache in Rumänien ist aufgrund des durch
das Unterrichtsgesetz gesicherten offenen Rahmens das Zusammentreffen ver-
schiedener Kulturen möglich, eine Begegnung, die bereits in der Geschichte der
Schulen als gegeben angenommen werden kann. Mehrsprachigkeit erwerben
Schüler an Schulen mit deutscher Unterrichtssprache dadurch, dass sie in einer
Fremdsprache unterrichtet werden und ab der zweiten Klasse bereits eine dritte
Sprache lernen, wobei in den ersten Schuljahren zumindest für die Muttersprache
Rumänisch und die Unterrichtssprache Deutsch die Annahme zutrifft, dass sie
ihre Sprache spontan auf den Gesprächspartner abstimmen können.

Die Möglichkeit interkultureller Begegnung zwischen den rumänischen Schülern und Schülerinnen und dem deutschsprachigen Schulsystem ist nun bereits
seit der Wende 1989 gegeben. Dennoch werden in den offenen Antworten der
deutschsprachigen Probanden auch Vorurteile und in den offenen Antworten der
rumänischsprachigen Probanden Stereotype geäußert. Sowohl die Vorurteile als
auch die Stereotypen lassen den Schluss zu, dass weder ein Verstehen, noch eine
Verständigung vorhanden ist, so dass das jeweilige Bild des anderen differenziert
und vielfältig ausfalle, sondern es handelt sich eher um ein Nebeneinander, bei
dem die jeweiligen Fremdbilder vorwiegend von Stereotypen geprägt sind.

Das ausgesprochen positive Bild des deutschsprachigen Schulsystems in Rumänien beruht hauptsächlich auf positiven Wertvorstellungen, so dass das rumänische Schulsystem im Vergleich negativ bewertet wird, jedoch besteht das
positive Bild des deutschsprachigen Schulsystems aus stereotypen Bildern, die
der deutschen Sprache und Kultur zugewiesen werden.

Für die Zukunft der Schulen mit deutscher Unterrichtssprache in Rumänien
stellen dieses positive Bild und die Achtung der Traditionen der deutschsprachigen Minderheiten (auch wenn sie auf Stereotypen beruhen) eine wichtige Chance
dar, die es in Zukunft zu nutzen gilt. Aus dem respektvollen Nebeneinander sollte
in Zukunft ein fruchtbares Miteinander entstehen.

# Literatur

Bottesch, Martin (2014): In den Schulen der Städte konzentriert. Deutschsprachiger Unterricht in Rumänien aus statistischer Sicht. *Zett*, 27, 5–7.

Dan, M. C. (2014): Early childhood identity: ethnicity and acculturation. Journal of Education, Culture and Society, Wroclaw: Foundation Pro Scientia Publica, S. 145–157.

Hermann, Adriana (2012). Unterricht in deutschsprachigen Grundschulklassen in Rumänien. Zwischen Begeisterung und Frust. *Zett*, 23, 4–9.

Iunesch, Liana Regina (2012): Erfolg und Misserfolg des Spracherwerbs an Schulen mit deutscher Unterrichtssprache in Rumänien. Frankfurt am Main: Peter Lang.

König, Walter (2012): Deutschsprachige Kindergärten und Schulen sehr gesucht. Zur Situation des deutschsprachigen Bildungswesens in Siebenbürgen nach der Schulstatistik 2011/2012, Siebenbürgische Zeitung, 15, S. 15.

Zoppelt, D./Kramer R./Negrea, Th. (2013). Deutschsprachiger Unterricht in Rumänien: Herausforderungen und Chancen. Eine Pilotstudie. In: Voloşciuc, S.D./de Jesus, S./Rotar, M./Popa, V. (Hg.). Egalitate de sanse prin educatie Hermannstadt: RO-MA, S. 32–39.

Zoppelt, Diana/Iunesch, Liana Regina/Hermann, Adriana/Mihaiu Tita (2014): Deutschsprachiger Unterricht in Rumänien. Ein Überblick über die Wahrnehmung der Stärken, Probleme und Chancen. Bonn/Hermannstadt: Schiller.

Eugenia Keresztes

Lucian Blaga Universität Sibiu (Rumänien)

# Der Kindergarten mit deutscher Abteilung in Rumänien

## Geschichtliche Aspekte und aktueller Stand

*The article traces the history of Transylvanian Saxon kindergarten from its beginnings until today. It provides conclusions about the current linguistic situation in German-language kindergartens in Romania.*

## 0. Einleitung

Wer heutzutage einen schnellen Überblick zur Geschichte des Kindergartens mit deutscher Abteilung in Rumänien finden möchte, wird enttäuscht. Denn eine erste schnelle Suche in den Bibliotheken, Kindergartenarchiven und verschiedenen Veröffentlichungen aus Hermannstadt ergibt keine große Titelanzahl. Die Quellen zu einem solchen Bericht, alte Lehrpläne für den Kindergarten sowie detaillierte Informationen sind nur mühsam zu besorgen. Obwohl das Schulwesen der Siebenbürger Sachsen reichlich untersucht worden ist, wird der Kindergarten in Veröffentlichungen nur flüchtig erwähnt. Auch ehemalige und jetzige Kindergärtnerinnen sind über Angelegenheiten, welche über ihren Beruf hinausreichen, wenig informiert.

In diesem Sinne sollen die vorliegenden Ausführungen die Meilensteine des Kindergartens bei den Siebenbürger Sachsen von der Entstehung bis heute beleuchten und Rückschlüsse zur heutigen sprachlichen Situation in Kindergärten mit deutschen Abteilungen geben.

Als Friedrich Fröbel 1840 den ersten ‚Kinder-Garten' im thüringischen Städtchen Blankenburg einrichtete, gab es schon hunderte nebenfamiliale Betreuungseinrichtungen: „Kleinkinderschulen"; in denen „Kleinkinderschul-Lehrerinnen" arbeiteten, „Bewahranstalten", „Spiel-Schulen" und „Warte-Schulen" (Reyer 2006: 13). Schon von Anbeginn hatte Fröbel keine „Kleinkinderschule" im Sinn, „weil (die Kindergärten – erst ab 1840 so genannt) […] keine Schulen sein sollen, weil die Kinder darin noch nicht geschult werden, sondern sich frei entwickeln sollen […]. "(Fröbel 1952: 182). Das „Mittel" als Lehr-, Lern-, Arbeits- oder Spielmittel

für Selbstbetätigung zwecks persönlicher Entwicklung blieb ein Kernstück der
Fröbelschen Pädagogik.

## 1. Die Entfaltung der Kindergartenidee in Siebenbürgen

Die Siebenbürger Sachsen wurden frühzeitig mit Fröbels Idee vertraut. Doch
die Entwicklung des Kindergartens in Siebenbürgen hatte nicht die ‚Bildung' im
Blick, wie es im Falle der Schulen war, sondern die Erziehung der Kleinkinder.
Im Kindergarten wurde eine elementare nationale Arbeit eingeführt, da man sich
eine engere Bindung zum Elternhaus, der Gemeinde und der Heimat erhoffte.
Erwünscht war auch das nationale Überleben und aus diesem Grunde sollte der
Kindergarten zum Erhalt der Muttersprache – Sächsisch – helfen. Die Kindergartenidee sollte auch die weibliche Berufsbildung und die Erwerbsmöglichkeit
der Frauen fördern (vgl. Mieskes 1986: 73).

Die Verbreitung des Kindergartenwesens in Siebenbürgen erfolgte langsam, die
Einrichtung rief organisatorisch und pädagogisch teils Aufsehen teils Skepsis hervor. Der ungewohnte Gedanke und Prozess wurde von manchen stark erwünscht,
von anderen wiederum als eine lästige finanzielle Hürde seitens der Gemeinden
angesehen (vgl. Mieskes 1986: 11), insbesondere nach der rumänischen Agrar-
reformen im Jahr 1921, als die Kirchen und Gemeinden durch Enteignung Teile
ihres Bodenbesitzes verloren haben.

Die Bauernarmut erwies sich auch als Grund dafür, dass Teilnehmerinnen aus
ganz Siebenbürgen an der Ausbildung für Kindergärtnerinnen nicht teilnehmen
konnten und sich das Stadtleben nicht leisten konnten (vgl. Mieskes 1986: 19).
So gab es in den Städten gute Kindergärten, aber sie wurden nicht von allen Kindern besucht, und die Kindergärten auf dem Land waren Erntekindergärten oder
hatten den Charakter von Bewahranstalten. Ein Überblick der Kindergärten und
Bewahranstalten aus Siebenbürgen zwischen den Jahren 1884–1943 (vgl. Mieskes
1986: 144) zeigt, dass die Zahl der Kindergärten statistisch nicht groß war (1884: 10
Kindergärten, 1885: 13 Kindergärten und 9 Bewahranstalten, 1887: 16 Kindergärten und 14 Bewahranstalten, 1912: 24 Kindergärten und 28 Bewahranstalten,
1933: 30 Kindergärten und 100 Bewahranstalten, 1943: 58 Kindergärten und 141
Erntekindergärten und 4 Tagesstätten). Seit der Gründung des ersten Kindergartens 1869 bis zu dessen Verstaatlichung 1941 stieg die Zahl der Kindergärten
auf nur 32, nicht einmal die Hälfte der Dörfer besaß 1941 eine Bewahranstalt
(vgl. Mieskes 1986: 145). Die verhältnismäßig frühe Gründung der vorschuler-
zieherischen Anstalten in Siebenbürgen spricht aber von der Qualität der Arbeit,
welche durchaus mit der des deutschen Reiches verglichen werden konnte.

Infolge der politischen Ereignisse der Zeit wurde auch der Kindergarten zu einem politischen Werkzeug. Zuerst nahm man die Zuwiderhandlung der Magyarisierung (1894–1923) wahr, durch die erhöhte Geltung der ungarischen Sprache in Ausbildung, Prüfung und Praxis der Kindergärtnerinnen. Neben der Muttersprache als Umgangssprache musste in Kindergärten halbtags Ungarisch gesprochen werden und zusätzlich wurden im Kindergartenrepertoire magyarische Sprechübungen, Lieder, Verse und Erzählungen aufgezwungen (vgl. Mieskes 1986: 92).

Die Magyarisierung wurde durch eine Rumänisierung (1923–1945) ersetzt und der Kindergarten galt laut Staatsgesetz als eine Unterklasse der Volksschule – „şcoala de copii mici" (Kleinkinderschule). Die Kronstädter Kindergärtnerinnen-Bildungsanstalt KBA hielt aber an dem Fröbelschen Geiste der Erziehung und nicht an dem rumänischen Ideal einer Kleinkindlehrerin und der Verschulung des Kindergartens fest (Mieskes 1986: 105). Trotzdem fiel die neue rumänische Sprache als Pflichtfach in Sprachprüfungen und im Kindergartenalltag schwer ins Gewicht (vgl. Mieskes 1986: 104).

Das Jahr 1945 versetzte dem deutschen Schulwesen in Rumänien einen schnellen und radikalen Schlag: die Verstaatlichung, Liquidierung der Schul- und Bildungskultur. Die Verstaatlichung der Schulen führte zur Zerstörung des siebenbürgisch-sächsischen Schulwesens. Es verblieben zwar Schulen mit deutscher Unterrichtssprache, aber sie übten keine volkserhaltende und sächsisch kulturelle Funktion mehr aus. Der rumänische Staat bestimmte allein, welches ihre Aufgaben waren (vgl. Mieskes 1986: 118).

Die Geschichte des Kindergartens ist mit den Namen bedeutender Persönlichkeiten verbunden. Die ersten Gründungen von Kindergärten in Siebenbürgen verdankt man ausschließlich dem Willen mutiger und entschlossener Frauen, da der Kindergarten auf dem Gebiet der persönlichen Initiative blieb. Den ersten privaten Kindergarten eröffnete Friedericke Schiel (1839–1923) im Pfarrhaus auf dem Honterushof in Kronstadt am 2. Januar 1869 (vgl. Mieskes 1986: 64). Ihre Lehre machte Friedericke Schiel 1868 in Graz, in dem Kindergarten von Eleonore Koppel, einer Schülerin Fröbels. Der Kindergarten wurde 1885 zum Musterkindergarten der Kindergärtnerinnen-Bildungsanstalt (KBA) bestimmt und erhielt erst 1877 eine materielle Unterstützung durch die Kirchengemeinde (vgl. Mieskes 1986: 64).

Den zweiten privaten Kindergarten eröffnete Therese Jikeli in Hermannstadt. Der Besuch des Kindergartens in Kronstadt hat in Therese den Entschluss geweckt, selber Kindergärtnerin zu werden. 1871 reiste sie nach Gotha an das Kindergärtnerinnenseminar und erwarb als erste sächsische Frau das Diplom als Kindergärtnerin mit dem Vermerk, dass sie zur selbstständigen Leitung eines

Kindergartens geeignet und befugt war. 1872 gründete sie einen Kindergarten, der in Hermannstadt Ansehen und Interesse hervorrief (vgl. Mieskes 1986: 68). Eine Ausbildung konnte in den ersten Jahren nur im Ausland erworben werden, in Wien, Berlin oder Gotha. Es entstanden bald in allen sächsischen Städten Kindergärten: 1869 in Kronstadt, 1872 in Hermannstadt, 1873 in Mediasch, 1878 in Bistritz und Fogarasch, 1881 in Mühlbach (vgl. Mieskes 1986: 69).

Der Aufschwung der Siebenbürgisch Sächsischen Kindergärten und der Bewahranstalten beginnt 1884 mit der Eröffnung der Kronstädter Kindergärtnerinnen-Bildungsanstalt (KBA). Am 1. September 1884 wurde der zweijährige Kurs in einem Raum der alten Mädchenschule mit 14 Schülerinnen eröffnet. Die wesentlichen Bestimmungen für die jungen Mädchen waren: Die Absolventin musste 18 Jahre alt sein, konnte eher nicht angestellt werden und außer einem wöchentlichen dreistündigen Praktikum musste der „obere Kurs" (= das zweite Schuljahr) ein dreimonatiges Praktikum absolviert werden (vgl. Mieskes 1986: 80). Die Wahl, Kindergärtnerin zu werden, empfand man als einen Verzicht auf eine eigene Familie. Bis in die dreißiger Jahre verloren die Kindergärtnerinnen ihre Anstellung, sobald sie heirateten (vgl. Mieskes 1986: 135).

Die Schriften, Vorträge und die praktischen Übungen, die den Kindergärtnerinnen auf ihren Treffen und auf Fortbildungskursen geboten wurden, bewahren bis heute noch ihre Gültigkeit. Über den Fortbildungswillen der Kindergärtnerinnen oder den fortlaufenden Einsatz der Lehrkräfte kann man heutzutage nur staunen. Viele Kindergärtnerinnen besuchten ausländische Fachveranstaltungen und studierten in ausländischen Vorschuleinrichtungen. Nur der Mangel an finanziellen Möglichkeiten verhinderte eine aktivere Beschäftigung mit außerschulischen Tätigkeiten im deutschsprachigen Raum. Mit ärmlichen Mitteln und im staatlich beengten Raum wurde viel geleistet (vgl. Mieskes 1986: 155).

So nahmen die Kindergärtnerinnen im Jahr 1887 an einem Wettbewerb zu einem fachbezogenen Thema eigener Wahl teil, das vom *Verein für Kindergärten in Österreich* organisiert wurde, im August 1889 an der *Ersten Landesaustellung für Kleinkinderziehung* in Budapest und im Jahr 1914 an der großen Leipziger Ausstellung mit vier Kisten voll von Ausstellungsmaterial (vgl. Mieskes 1986: 84). Zu der zweiten Landesausstellung für Kleinkinderziehung schickte die KBA im Jahr 1909 selbst hergestellte Materialien und Beiträge sämtlicher Leiterinnen von sächsischen Kindergärten, die alle mit Preisen und Anerkennungsdiplomen ausgezeichnet wurden. Ebenfalls nahmen Kindergärtnerinnen am *Großen österreichischen Kindergärtnerinnentag* 1912 in Wien teil.

Es fanden auch im Inland organisierte Veranstaltungen für Bewahranstaltleiterinnen und Kindergärtnerinnen statt. Adele Zay, Leiterin der KBA zwischen

1923–1928, eröffnete den ersten Kindergartentag mit der Ansicht, dass es für Kindergärtnerinnen notwendig sei, „auf dem Gebiet ihrer Tätigkeit Umschau, Rückschau und Vorschau zu erhalten." (Konderth 1910: 345–347). Die dreitägigen Treffen wollten „[…] eine Fachversammlung sein, auf der die in der Arbeit gemachten Erfahrungen besprochen werden, auf der man neue Wege für die Arbeit, bessere Formen der Fortbildung und höhere Ziele für die eigene Tätigkeit sucht." (Zay 1911: 15)

Doch auch organisatorische und personelle Probleme der Kindergärten und ländlichen Bewahranstalten sowie die Besoldung der Kindergärtnerinnen wurden erkannt. In einem Vortrag warnt Adele Zay die Sachsen vor folgenden Gefahren: „Egoismus, Annahme fremder Sitten, Kinderarmut und Mischehen" (Zay 1928: 201).

Martha Heltman-Capesius, die Leiterin der KBA zwischen 1928–1948, bemerkte, dass sich die Vorschulerziehung allmählich allgemeiner Zustimmung erfreute und kulturelle Bedeutung erlangte (vgl. Heltmann-Capesius 1933: 135). Doch bedauerte sie, dass die Kindergärtnerinnen nicht die gleiche pädagogische Freiheit besaßen wie Kolleginnen im Deutschen Reich: dem Freispiel wurde immer weniger Raum geschenkt, es wurde mit großen Kindergruppen gearbeitet und die Fachkräfte wurden durch den staatlichen Lehrplan inhaltlich und zeitlich außerordentlich festgelegt (vgl. Heltmann-Capesius 1933: 137).

## 2. Die Verstaatlichung des deutschsprachigen Kindergartens in Siebenbürgen

Beginnend mit dem Zeitpunkt der Verstaatlichung der siebenbürgisch-sächsischen Kindergärten im Jahr 1948 kann man nur noch von Kindergärten mit deutschsprachigen Abteilungen sprechen und diese nicht mehr isoliert vom rumänischen Schulsystem thematisieren. König (2005) fasst die grundlegenden Veränderungen gegenüber der Zeit vor dem Zweiten Weltkrieg zusammen:

– Alle Schul- und Bildungseinrichtungen sind von der Kirche streng getrennt.
– Es gibt kein selbstständiges deutsches Schulwesen und keinen selbstständigen deutschen Kindergärten in Rumänien. Die deutschsprachigen Kindergärten sind Teil des Staatsschulwesens und werden vom rumänischen Staat unterhalten.
– Es handelt sich in der Regel um deutschsprachige Abteilungen an gemeinsamen rumänisch-deutschen oder rumänisch-deutsch-ungarischen Kindergärten unter gemeinsamer (fast ausschließlich rumänischer) Leitung. Die Einrichtung einer deutschen Abteilung ist an eine bestimmte Schüleranzahl gebunden, doch werden häufig auch rumänische Kinder an diese Abteilungen angemeldet.

- Die offiziellen Lehrpläne sind bis auf die Sprecherziehung, die Inhalte der musikalischen Erziehung und Teilinhalte der politisch-moralischen Erziehung (bzw. der Erziehung zur Heimatliebe) gleich oder fast gleich.
- Die deutschen Kindergärtnerinnen erhalten ihre Ausbildung nicht an einer eigenen, selbstständigen Institution, sondern zusammen mit den Grundschullehrerinnen und -lehrern und gemeinsam mit den rumänischen Schülerinnen an dem Pädagogischen Lyzeum in Hermannstadt.
- Es gibt keinen Kontakt mehr (oder nur einen losen, auf nicht-offiziellen Wegen) mit der Entwicklung der Kindergartenpädagogik in Deutschland (vgl. König 2005a: 266).

Die Arbeit des Kindergartens war in Rumänien schulorientiert, besonders im letzten Jahr vor der Einschulung: die systematisch aufgebauten Programme sahen für jede Altersspanne ganz bestimmte Ziele vor. Diese relativ festen Lehrpläne enthielten verpflichtende Tätigkeiten mit der ganzen Kindergruppe und wurden in mehrere Arbeitsbereiche unterteilt (vgl. Ministerium für Erziehung und Unterricht 1982: 218). Zur Verstärkung der ideologischen Erziehung wurde im Schuljahr 1976/1977 die Organisation *Falken des Vaterlandes* gegründet, der Kinder zwischen vier und sieben Jahren angehörten (König 2005a: 266). Im Kindergarten sowie auch in der Schule gab es auch eine Uniformpflicht: Jungen und Mädchen trugen hellblaue Kittel, die Mädchen eine rote *Masche* (vgl. König 2005a: 272).

Den quantitativen Höhepunkt erlangten die deutschsprachigen Abteilungen in Kindergärten in den Schuljahren 1973 und 1974 mit in ganz Rumänien über 16.000 Kindern in 330 bzw. 340 Abteilungen und zwischen 580 und 590 Kindergärtnerinnen. Im Schuljahr 1980/1981 gab es nach offiziellen Angaben im Kreis Hermannstadt insgesamt 249 Kindergärten, davon in 121 Kindergärten deutsche Abteilungen. Rund 40 % der deutschsprachigen Kindergärten entfielen demnach auf den Kreis Hermannstadt (vgl. König 2005a: 271). Infolge der Aussiedlung nahm die Zahl der deutschsprachigen Abteilungen deutlich ab.

Die Ausbildung der deutschen Kindergärtnerinnen und Grundschullehrer erfolgte am Pädagogischen Lyzeum in Hermannstadt. Diese Schule spielte jahrelang eine wichtige Rolle für den deutschsprachigen Unterricht (vgl. König 2005b: 310). Die Studienplätze wurden auf Kreise verteilt, d. h. die Aufnahmequote wurde aufgrund von Bedarfsmeldungen aus Kreisen mit deutschen Abteilungen festgelegt und die Aufnahmeprüfungen fanden in der jeweiligen Kreishauptstadt statt. Damit wollte man sicherstellen, dass Fachkräfte aus dem Kreis nachher bereit waren, eine Stelle in der Heimatstadt zu besetzen (vgl. König 2005b: 310).

Doch ein längerfristiges Ziel schien die Ausbildung der Grundschullehrer an Hochschulen, nach europäischem Modell. Die Realisierung wurde aus ökonomischen Gründen hinausgeschoben und wurde erst fast vierzig Jahre danach erreicht (vgl. König 2005b: 309).

Die Kindergärtnerinnen wurden von eigenen Inspektorinnen inspiziert und von Methodikerinnen beraten. Erfahrungsaustausche, die Entwicklung neuer Ideen und das Vorzeigen von Lehrmaterialien gab es innerhalb von pädagogischen Kreisen, die ein Mal pro Trimester stattfanden. Die verpflichtende Teilnahme alle fünf Jahre an einem Fortbildungskurs erfolgte an der Ausbildungsinstitution – am Pädagogischen Lyzeum in Hermannstadt (vgl. König 2005a: 273). Auch die Zusammenarbeit mit der Grundschule wurde angestrebt, wobei die gemeinsame Ausbildung der Kindergärtnerinnen und Grundschullehrerinnen eine Rolle spielte: 80 % des Studienprogramms deckte sich (vgl. König 2005a: 274).

Die Kindergartenarbeit der deutschen Minderheit kann also auf eine beachtliche Tradition zurückblicken, die – auch in der Ausbildung der Kindergärtnerinnen – nachwirkt. Das widerspiegelt sich auch in der Tatsache, dass Kindergärtnerinnen mit bescheidener Ausstattung der Kindergärten mit didaktischen Materialien, Spielen, Bilder- und Kinderbüchern viel geleistet haben. Allerdings stellten sie sehr viel Material selbst her. Wenn man von dem Handbuch *Wir spielen und lernen im Kindergarten* auf die tatsächliche Arbeit im Kindergarten schließen kann, so fallen besonders „der Spielcharakter der Beschäftigungen, die Fröbelsche Tradition und die Offenheit auf" (König 2005a: 275).

Zu den Sorgen der Zeit zählte vor allem der Rückgang der Zahl der angemeldeten Kinder bedingt durch die Aussiedlung, die den Erhalt der deutschsprachigen Abteilungen gefährdete. Auch das Fehlen von qualifizierten Kindergärtnerinnen, die Lebensverhältnisse und die Unstetigkeit der rumänischen Bildungspolitik erschwerten jede Zukunftsplanung (vgl. König 2005a: 276).

Die besondere Leistung der Kindergärten war die Förderung der sprachlichen Ausdrucksfähigkeit, denn Sprache und Identität hängen eng zusammen. Auch eine Umfrage zeigte, dass Kinder, die nicht alle Kindergartengruppen besucht haben, die also nur ein Jahr im Kindergarten waren, alle anderen Teilfähigkeiten rasch nachholen konnten und nur im sprachlichen Ausdruck Schwierigkeiten hatten (vgl. König 2005a: 277). Zum ersten Mal in der Kindergartengeschichte der Siebenbürger Sachsen treten nun auch Sprachschwierigkeiten der Kinder in den Vordergrund.

Der anwachsende Prozentsatz rumänischer Kinder (manchmal bis zu 30 %), die von ihren Eltern in die deutschen Abteilungen geschickt wurden, damit sie die deutsche Sprache lernen, führte nicht selten dazu, dass die Kinder im freien Spiel und in der Freizeit rumänisch miteinander redeten. Da die deutschen Kinder zu Hause mehrheitlich Dialekt sprachen und in vielen Fällen Deutsch wie eine

Fremdsprache lernten, wurde dadurch ihre Sicherheit im Umgang mit der eigenen
Hochsprache beeinträchtigt (vgl. König 2005b: 290). Obwohl einige deutsche
Abteilungen nur gehalten werden konnten, weil auch rumänische Kinder angemeldet wurden, stellte diese Situation die Kindergärtnerinnen vor schwierige
methodische Probleme, da sie Kindern der deutschsprachigen Minderheit nicht
ein anregendes sprachliches Milieu bieten konnten (vgl. König 2005a: 272).

## 3.  Der Kindergarten mit deutscher Abteilung nach der Revolution

Betrachtet man die Statistiken der Schulkommission des Demokratischen Forums
der Deutschen in Rumänien gleich nach der Wende bis heute, mag die verhältnismäßig große Zahl der Einrichtungen mit deutschen Abteilungen überraschen.
Nach der massiven Auswanderungswelle der Rumäniendeutschen in den 90er
Jahren glaubte man, dass die Kindergärten und Schulen mit deutscher Abteilung
bald aufgelöst werden (vgl. Schulkommission der DFDR 1992: 1). Angesichts der
Tatsache, dass Abteilungen mit deutscher Unterrichtssprache in den Städten nicht
geschlossen wurden, kann man vermuten, dass die Schülerschaftschon vor der
Wende ethnisch heterogen gewesen sein muss. Die rumänischen Schüler stellten
die gesetzlich festgelegte Mindestzahl für den Weiterbestand einer Klasse der
deutschen Abteilung dar (vgl. Iunesch 2012: 44).

Bezogen auf die Ausbildung der Kindergärtnerinnen gib t die Statistik des
DFDR an, dass im Schuljahr 1992/1993 von den 145 Kindergärtnerinnen nur jede
fünfte eine abgeschlossene pädagogische Ausbildung besaß. Die meisten, etwa
70 %, unqualifizierten Kindergärtnerinnen konnten die Gelegenheit wahrnehmen, eine postlyzeale Schule zu besuchen und an den veranstalteten zweijährigen
Kursen teilzunehmen(Schulkommission der DFDR 1992: 4).

Die Öffnung Rumäniens nach Westen hat den Andrang rumänischer Kinder noch verstärkt. In vielen deutschen Kindergartengruppen und Schulklassen
überwog der Anteil der rumänischen Kinder und Schüler. Damit verbundene
Sprachprobleme der Kinder und Kindergärtnerinnen waren keine Überraschung.

Im eigentlichen Kindergartenalltag in Kindergärten mit deutscher Unterrichtssprache hat sich qualitativ pädagogisch manches zum Positiven geändert: Neue
Gruppen mit deutscher Abteilung wurden gegründet, die Kindergärten wurden
mit modernen Materialien und Mitteln ausgestattet, den Kindergärtnerinnen
wurde eine Reihe an Angeboten zur Qualifikation und Fortbildung unterbreitet
und die Anzahl der Kinder nahm rasch zu. Im Schuljahr 2014–2015 wurden laut
Statistik des DFDR (2015) 6014 Kinder in Kindergärten mit deutscher Abteilung
registriert.

Die Ausbildung der Kindergärtnerinnen erfolgte jahrelang nach der Wende am Pädagogischen Lyzeum *Andrei Şaguna* in Hermannstadt und schloss mit einer Doppelausbildung ab, welche eine breite Einsetzbarkeit sicherte. Viele Absolventen des „Päda" traten aber nicht in den Schuldienst ein, sondern studierten weiter. Die Unterbezahlung des Lehrerberufes kann als Hauptkriterium für das Verlassen des Lehramtes angenommen werden.

Ab 1999 wurden die Grundschullehrerinnen und Kindergärtnerinnen, außer im Pädagogischen Kolleg *Andrei Saguna* landesweit an ‚Kollegs' ausgebildet, die deutschsprachigen am Universitätskolleg *Andrei Saguna* in der Fakultät für Psychologie und Erziehungswissenschaften der *Babes-Bolyai-Universität* Klausenburg. Diese Ausbildung, die als modellhaft angesehen wurde, schloss mit einer höheren Qualifikation ab und hatte eine höhere Einstufung zur Folge.

Doch die Ausbildung der Kindergärtnerinnen und GrundschullehrerInnen wurde durch das Unterrichtsgesetz in 2011 erneut radikal geändert. Sie besteht für Erzieherinnen und Grundschullehrerinnen laut Unterrichtsgesetz von 2011 aus einer theoretischen Ausbildung an der Universität, einem didaktischen Masterstudium von zwei Jahren und einem betreuten einjährigen Praktikum an einer Schule. [...] Die Bezeichnung der Qualifikationen ist *profesor pentru invatamant prescolar*[1] bzw. *profesor pentru invatamant primar*[2] [...]. Alle Erzieherinnen und Lehrerinnen müssen bis 2026 ihre Ausbildung den neuen Bestimmungen angeglichen haben(vgl. Hermann 2012: 6). Aus finanziellen Gründen haben sich in den letzten Jahren viele Fachkräfte an deutschsprachigen Abteilungen unter großem Aufwand für eine auf das pädagogische Lyzeum aufbauende universitäre Ausbildung entschlossen, um als *institutor* eingestuft zu werden (Hermann 2012: 9). Zurzeit bieten in Hermannstadt eine Ausbildung zur Kindergärtnerin oder Lehrerin das Nationale Pädagogische Kolleg *Andrei Şaguna*, die deutsche Studienrichtung des *Departements für Aus-, Weiter- und Fortbildung der Lehrkräfte*, an der Fakultät für Psychologie und Erziehungswissenschaften der *Babeş-Bolyai-Universität* Klausenburg und der Hermannstädter Studiengang Grundschul- und Vorschulpädagogik an der *Lucian Blaga Universität* an.

Die Ausbildung der Kindergärtnerinnen und Lehrerinnen an deutschen Abteilungen auf universitärer Ebene hat eine neue Forschungslandschaft eröffnet, die von Dr. Liana Regina Iunesch genutzt wurde. Ihre Studie *Erfolg und Misserfolg des Spracherwerbs an Schulen mit deutscher Unterrichtssprache in Rumänien* (Iunesch 2012: 5) untersucht den potentiellen Wert der Umsetzung von Erkenntnissen der

---

1    Professor für den Grundschulunterricht
2    Professor für den Vorschulunterricht

Fremdsprachenforschung für den ‚muttersprachlichen' Unterricht im Primarbereich und unterbreitet Vorschläge zur Anpassung der Lehrerbildung für deutsche Abteilungen in Rumänien.

Zu den Erfolgen im Kindergartenbereich soll auf jeden Fall die Zusammenarbeit mit dem *Institut für Auslandsbeziehungen (ifa)* Stuttgart gerechnet werden: Jahrelang schickte das *ifa* pädagogische Fachberaterinnen nach Rumänien, um die Kindergärtnerinnen der deutschen Abteilungen weiterzubilden und auf dem Gebiet des Spracherwerbs, der spielerischen Sprachvermittlung und der Entwicklung von Lehrmaterialien zu unterstützen. Unter der Leitung der deutschen Kindergartenfachberaterin hat die Curriculumgruppe deutschsprachiger Kindergärtnerinnen eine *Handreichung für Erzieherinnen* (Fuchs-Stratmann 2000: 3) erstellt, welche nach ganzheitlichen Gesichtspunkten für die deutschsprachigen Kindergärten ausgerichtet ist.

Auch das Goethe-Institut unterstützt den frühen Fremdsprachenerwerb in Kindergärten mit deutschen Abteilungen in Rumänien. Im Rahmen von Fortbildungen wird den Kindergärtnerinnen das Material *Schnupperangebot: Deutsch als Fremdsprache im Kindergarten* (Widlok 2008) zur Verfügung gestellt. Obwohl dieses Material nur in begrenztem Rahmen in Kindergärten mit deutschen Abteilungen angewendet werden kann, enthält es wichtige Informationen über Erkenntnisse aus der Spracherwerbsforschung.

Auch im Unterrichtsstil hat man sich stetig um Veränderung bemüht: neue Methoden und möglichst kinderzentrierte Tätigkeiten waren die Zielsetzungen. Bei der Erreichung dieser Ziele kam dem *Zentrum für Lehrerfortbildung in deutscher Sprache* eine besondere Bedeutung zu. Das Zentrum ist dem Bundesministerium für Bildung und Forschung unterstellt, besteht seit 1998 und „organisiert und koordiniert in Mediasch und in regionalen Zentren sowohl die Fortbildung der Kindergärtnerinnen, Grundschullehrer und Fachlehrer, die im sogenannten muttersprachlich-deutschen Schul- und Kindergartenbereich unterrichten, als auch die Fortbildung der Deutsch-als-Fremdsprache-Lehrer" (ZfL 2013). Es schafft durch seine Arbeit den in deutscher Sprache unterrichtenden Kolleginnen und Kollegen den Rahmen, einander kennenzulernen und gibt dadurch dem Schulnetz in seiner Verstreutheit einen gewissen Zusammenhalt (vgl. Bottesch 2011: 9). Die Zeitschrift des Zentrums für Lehrerfortbildung – die Zett (ZfL 2013) – ist ein wichtiges Kommunikationsmittel zwischen dem Zentrum und den Kindergärtnerinnen, Grundschullehrerinnen und Fachlehrende an deutschsprachigen Abteilungen.

Obwohl Kindergärten nicht mehr im früheren Sinne einen eigenen Geist entwickeln und vermitteln können, haben sie durch den Arbeitsstil doch etwas von der siebenbürgisch-sächsischen Lebensart, was für Eltern ein Anreiz ist. Die traditionsreichen Kindergärten können auch unter veränderten Voraussetzungen Mittler deutscher Kultur und Sprache bleiben und zugleich Verständnis wecken für die Pflege und den Erhalt deutscher Kulturgüter in Rumänien (vgl. König 2005d: 365).

Voraussetzung für den Fortbestand dieser Abteilungen ist allerdings, dass sie ihre Bildungsqualität behalten, zumal sie in den letzten Jahren attraktiver für Kinder aus rumänischen Familien landesweit geworden sind. Das ist ein Problem der Ausbildung und Fortbildung sowie der Versorgung mit Fachpersonal. Die vielfältigen Möglichkeiten zur Aus-und Fortbildung für Kindergärtnerinnen sind heutzutage reichhaltiger als je zuvor. Die Zeit wird zeigen, ob diese Bildungseinrichtungen die Mängel der Kindergartenarbeit erkennen und ob sie das Potenzial haben, sprachlich und methodisch qualifizierte Kindergärtnerinnen auszubilden.

## Literatur

Bottesch, Martin (2011): Deutsche Schulen in Rumänien: Geschichte und Rolle im heutigen Rumänien. In: *Zett* Nr. 22. Mediasch: Central, S. 4–9.

Fröbel, Friedrich (1952) In: Bollnow, O. (Hg.): Die Pädagogik der deutschen Romantik. Stuttgart: Kohlhammer.

Fuchs-Stratmann, Gisella (2000): Handreichung für Erzieherinnen. Sibiu: hora.

Hermann, Adriana (2012): Unterricht in deutschsprachigen Grundschulklassen in Rumänien- Zwischen Begeisterung und Frust. In: *Zett* Nr. 23. Mediasch: Central, S. 4–6.

Iunesch, Liana Regina (2012): Erfolg und Misserfolg des Spracherwerbs an Schulen mit deutscher Unterrichtssprache in Rumänien. Frankfurt am Main: Peter Lang.

Konderth, Otto (1910): An die sächsischen Kindergärtnerinnen. In: Schul- und Kirchenbote, Nr. 23. Kronstadt: Selbstverlag Schul- und Kirchenbote, S. 345–347.

König, Walter (2005a): Der deutschsprachige Kindergarten in Siebenbürgen nach 1948 (verfasst 1984), In: Schola seminarium rei publicae (Hg.): Köln: Böhlau.

König, Walter (2005b): Die gegenwärtigen Verhältnisse der Deutschen in Rumänien (verfasst 1977), In: Schola seminarium rei publicae. Köln: Böhlau.

Mieskes, Hans (1986): Die Kindergartenidee in Siebenbürgen. Beitrag zur Kultur und Geistesgeschichte der Siebenbürger Sachsen nach 1850. Wiesbaden: Stephan Ludwig Roth Gesellschaft für Pädagogik e.V.

Ministerium für Erziehung und Unterricht (1982): Der Unterricht in den Sprachen der mitwohnenden Nationalitäten. Bukarest: Editura didactica si pedagogică.

Reyer, Jürgen (2006): Einführung in die Geschichte des Kindergartens und der Grundschule: Bad Heilbrunn: Klinkhardt.

Schulkommission des DFDR (1992): Deutschsprachiger Unterricht in Siebenbürgen im Schuljahr 1991/92 Statistische Daten. Siebenbürgen-Forum Hermannstadt, Manuskript.

Statistik der deutschsprachigen Kindergärten in Rumänien des Demokratischen Forums in Rumänien http://www.fdgr.ro/index2.php/de/statistici/238 (zuletzt geprüft am 15.07.2016)

Widlok, Beate (2008): Schnupperangebot: Deutsch als Fremdsprache im Kindergarten. München: Goethe Institut e.V.

Zay, Adele (1911): Was bringt uns der Kindergärtnerinnentag? In: Schul- und Kirchenbote. Kronstadt: Selbstverlag Schul- und Kirchenbote.

Zay, Adele (1928): Die Aufgabe der Kindergärtnerin heute. In: Schule und Leben, Nr. 10, Juni 1927/1928: Kronstadt: Selbstverlag Schul- und Kirchenbote.

Zett – Zeitschrift des Zentrums für Lehrerfortbildung Mediasch, http://www.zfl.ro/beta/zett.php (zuletzt geprüft am 15.07.2016)

ZfL – Zentrum für Lehrerfortbildung in deutscher Sprache Mediasch, http://www.zfl.ro/beta/zfl.php (zuletzt geprüft am 15.07.2016)

Adelheid Manz

Eötvös József Hochschule Baja (Ungarn)

# Meilensteine und ihre Folgen im Nationalitäten-Deutschunterricht in Ungarn – die aktuelle Situation in der Lehrerausbildung an der Eötvös József Hochschule in Baja

*In this article the focus of attention is on historical events together with their results which, in my opinion, have greatly influenced the Nationalities Teaching German in Hungary. This is why they are called milestones. The subsequent section describes the situation regarding the training of Nationalities Teachers.*

In meinem Beitrag möchte ich die Aufmerksamkeit zuerst auf einige geschichtliche Ereignisse und auch auf ihre Folgen lenken, die meiner Meinung nach den Nationalitäten-Deutschunterricht in Ungarn wesentlich beeinflussten, deshalb werden sie hier Meilensteine genannt. Anschließend wird ihre Auswirkung auf die Ausbildung der Lehrer an Nationalitäten-Grundschulen verfolgt und analysiert, sowie die Situation am Beispiel an der Hochschule in Baja dargestellt.

Wenn man über den Deutschunterricht in Ungarn einen Lagebericht geben möchte, muss man in der Geschichte ganz bis zur ungarischen Revolution 1848 zurückgehen, deren Ziel die Gründung eines ungarischen Nationalstaates war. Da die Märzrevolution und auch der Freiheitskrieg 1848/49 niedergeschlagen wurden, konnte dieses Ziel erst etwa 20 Jahre später in der Staatsordnung des Dualismus, die mit dem König und Kaiser Franz Joseph I. ausgehandelt wurde, durchgesetzt werden. Im Österreichisch-Ungarischen Ausgleich 1867 wurden die ungarische Verfassung von 1848 und eine ungarische Eigenstaatlichkeit anerkannt. Außerdem wurden die gemeinsamen und die „dualistischen" gemeinsamen Angelegenheiten wie z.B. die Regelung der Staatsschulen festgelegt (vgl. Seewann 2012: 8).

Am 17. Februar 1867 wurde Graf Gyula Andrássy zum ungarischen Ministerpräsidenten berufen und es entstand die Andrássy-Regierung (20.02.1867–14.11.1871), auch der Landtag wurde wieder hergestellt, Siebenbürgen und das Banat wurden wieder mit Ungarn vereinigt. In der Österreichisch-Ungarischen Monarchie wurde der Kaiser zum ungarischen König und man hatte in der k.u.k. (kaiserlich und königlich) eine gemeinsame Währung. Als eigenständiger Staat wurde nur Ungarn von Wien anerkannt, den anderen Bevölkerungsgruppen der Monarchie wie z.B. den Kroaten, Rumänen, Serben oder Slowaken brachte der österreichisch-ungarische Ausgleich nichts, daher konnten die Magyarisierungs-Bestrebungen dominant werden.

Ende 1868 trat ein ungarisches Nationalitätengesetz in Kraft, das alle Bürger unabhängig davon, welcher Nationalität sie angehörten, mit den gleichen Rechten ausstattete. Da das von Ferenc Deák vorgelegte Gesetz über den eigenen Sprachgebrauch der Nationalitäten nichts Konkretes aussagte, wurde damit die Möglichkeit geschaffen, dass die sprachliche Gleichberechtigung verschwand und Ungarisch auf allen Gebieten (im Parlament, in der Regierung, in der Rechtspflege, in den Schulen usw.) an die erste Stelle trat.

Wir verfolgen dies im Weiteren nur im Schulwesen: Hervorzuheben ist in diesem Bereich der aufgeklärte Reformpädagoge der Zeit, Baron József Eötvös (1813–1871), Namensgeber der Hochschule in Baja, der seine Ansichten in seinen Leipziger Schriften *Über die Gleichberechtigung der Nationalitäten in Österreich* (1850), *Die Garantien der Macht und Einheit Österreichs* (1859) und *Die Sonderstellung Ungarns vom Standpunkte Deutschlands* (1860) formulierte. Als Minister für kirchliche und Bildungsangelegenheiten setzte er sich schon 1848 und auch 1867 die Modernisierung der allgemeinen Bildung als Ziel. In seiner ersten Amtszeit 1848 hatte er die Gesetzesvorlage über den Volksunterricht eingebracht und in der Battyhány-Regierung 1868 trat dann das Gesetz XXXVIII. Artikel über die Bildung in Kraft. Nach diesem Reformprogramm wurde die Schulpflicht der 6–12 jährigen Kinder, für die Armen ein gebührenfreier und staatlicher Unterricht eingeführt. Geregelt wurden die Pflichtfächer und die Stundenzahl. Nach der Volksschule mit 6 Klassen gab es die Schule der Wiederholung für Gesellen, als neuer Schultyp erschien die Bürgerschule mit 4 Klassen.

Eine Bereicherung dieser reformpädagogischen Maßnahmen waren die Gründung vom Schulrat, die Einführung einer Schulinspektion, wonach auch der Unterricht in den konfessionellen Schulen staatlich kontrolliert werden konnte und die Bildung kein Privileg mehr der Kirche, sondern ein einheitlicher, staatlich geregelter Unterricht werden sollte.

Auch die Unterrichtssprache wurde geklärt, Paragraph 58 legte fest: „Jedem Schüler soll der Unterricht in seiner Muttersprache erteilt werden, wenn diese Sprache eine der gebräuchlichsten ist." (Balogh, 2002: 79). Doch wurde mit diesem eingeräumten sprachlichen Autonomierecht von den Gemeinschaften unterschiedlich „umgegangen": Die protestantische Kirche der Siebenbürger Sachsen oder die griechisch-orthodoxen Kirchen der Serben befolgten die Gesetze der Autonomie und als Träger der Schulen konnten sie auch ihre Sprachen bewahren. Anders erging es den Nationalitäten z.b. den Slowaken und den Deutschen, die über keine eigene Kirchenorganisation verfügten, denn die katholische, evangelische und reformierte Kirche setzte als Schulträger im Allgemeinen andere Prioritäten: Als Unterrichtsprache wurde nicht die Sprache der Nationalitäten, sondern die Landessprache Ungarisch gewählt. Bis 1900 waren in der Österreichisch-Ungarischen Monarchie über 90 % der Schulen in kirchlicher Hand (vgl. Seewann 2012: 17–18).

Im Dualismus wurden Einheit von Staat, Nation und Nationalsprache als untrennbar aufgefasst. Diese Überzeugung spiegelten die Gesetze und Verordnungen wieder, die nationalistischen Maßnahmen, die den Gebrauch der ungarischen Sprache förderten bzw. vorschrieben, erschienen nach 1875 kontinuierlich und immer stärker: So wurde z.b. vom Ministerpräsidenten Kálmán Tisza in seiner relativ langen Amtszeit (20.10.1875–13.03.1890) diese Magyarisierungspolitik voll ausgeübt. Er nutzte nicht nur die Schulgesetze zur Gründung ungarischer Schulen, sondern ließ auch die Nationalitätenvertreter aus der Politik und Verwaltung verdrängen und ausschließen.

Ágoston Trefort, Bildungsminister (1817–1891) ließ auf Grund des neuen Volksschulgesetzes 1879 die ungarische Sprache in allen Volksschulen obligatorisch einführen. Die Schüler sollten bis zum Abschluss der 4. Volksschulklasse Ungarisch in Wort und Schrift beherrschen. Das Mittelschulgesetz 1883 bestimmte die Einführung der ungarischen Sprache und Literatur als obligatorische Fächer in den Gymnasien und Realschulen, das Abitur sollte auf Ungarisch abgelegt werden. Für Lehrer wurden ungarische Kurse im Sommer organisiert, um fehlende Ungarischkenntnisse nachzuholen, angehende Lehrer mussten in Ungarisch eine Prüfung ablegen. Und das Kindergartengesetz 1891 schrieb vor, die Kinder mit Grundkenntnissen der ungarischen Sprache vertraut zu machen. Damit war die Magyarisierung des Unterrichtes in der allgemeinen Bildung auf allen Ebenen gesichert.

Nach dem Bildungsminister Grafen Albert Apponyi (1846–1833) benannten Schulgesetz von 1907, „Lex Apponyi" konnte eine doppelte Strategie durchgeführt werden: Einerseits wurden die Lehrergehälter erheblich erhöht und damit wurden die nicht staatlichen Schulen unter Druck gesetzt, auch die Gehälter zu erhöhen. Schulträger, die keine finanziellen Erhöhungsmöglichkeiten hatten, waren auf staatliche Unterstützung angewiesen, die aber andererseits davon abhängig gemacht wurde, ob die Schüler wie auch die Lehrer der ungarischen Sprache mächtig waren. Schulinspektoren kontrollierten diese Kenntnisse. Auch die Schulbücher mussten in den staatlich unterstützen Schulen durch das Bildungsministerium besorgt werden (vgl. Seewann 2012: 32).

Nach diesen Maßnahmen erhöhte sich die Anzahl der staatlichen Schulen sowie auch die Schülerzahl der Volksschulen. In den Modernisierungsbestrebungen wurde auch die Bildung der Mädchen ermöglicht, sie konnten zu Erzieherinnen und zu Lehrerinnen werden (vgl. Pukánszky-Németh 2016). Ein schwerwiegendes Problem war der Mangel an qualifizierten Lehrern und Erziehern. Es unterrichteten oft Lehrkräfte ohne eine Ausbildung.

Bis 1869 gab es nur 5 Nonnenkloster in Ungarn, die Lehrerinnen ausbildeten: in Pest (1855), in Satu Mare/Sathmar (1857), in Oradea/Großwardein (1858), in Kassa/Kaschau (1860) und in Sopron/Ödenburg (1864) (vgl. Kiss 1929). 26 Lehrerbildungsanstalten gab es bis 1869, davon nur eine staatlich, 9 königlich-katholisch (in Esztergom/Gran, Győr/Raab, Kalocsa, Oradea/Großwardein, Pécs/ Fünfkirchen, Pest, Satu Mare/Sathmar, Sopron/Ödenburg und Trnava/Tyrnau), 3 römisch-katholisch (in Eger/Erlau, Sumuleu/Csíksomlyó und Spisské Podhradie/ Kirchdrauf), 3 griechisch-katholisch (in Blaj/Blasendor, Oradea/Großwardein und Ungvár) und 10 von den anderen Konfessionen (vgl. Seewann 2012: 28).

*Tabelle 1: Lehrerbildungsanstalten (Kiss 1929)*

| Wann? | Lehrerbildungsanstalten für Jungen | | | | | | | | Lehrerbildungsanstalten für Mädchen | | | | | | | | Bildungsanstalte zusammen |
| | staatlich | r.katholisch | g.katholisch | g.orthodox | reformiert | evangelisch | jüdisch | Insgesamt | staatlich | r.katholisch | g.katholisch | g.orthodox | ferormiert | evangelisch | jüdisch | Insgesamt | |
| --- | --- | --- | --- | --- | --- | --- | --- | --- | --- | --- | --- | --- | --- | --- | --- | --- | --- |
| 1868 | 0 | 15 | 3 | 3 | 3 | 9 | 1 | 34 | 0 | 5 | 0 | 0 | 0 | 0 | 0 | 5 | 39 |
| 1875 | 16 | 14 | 4 | 3 | 3 | 8 | 1 | 49 | 4 | 7 | 0 | 1 | 0 | 0 | 0 | 12 | 61 |
| 1880 | 17 | 14 | 4 | 4 | 4 | 9 | 1 | 53 | 6 | 8 | 0 | 1 | 0 | 0 | 1 | 16 | 69 |
| 1890 | 17 | 14 | 4 | 4 | 4 | 10 | 1 | 54 | 5 | 9 | 0 | 1 | 0 | 0 | 0 | 15 | 69 |
| 1900 | 18 | 11 | 5 | 4 | 3 | 6 | 1 | 48 | 6 | 7 | 0 | 1 | 1 | 0 | 1 | 26 | 74 |
| 1914 | 19 | 11 | 5 | 4 | 3 | 6 | 1 | 49 | 8 | 20 | 2 | 1 | 4 | 1 | 0 | 36 | 85 |
| 1918 | 22 | 11 | 5 | 4 | 3 | 5 | 1 | 51 | 8 | 22 | 2 | 1 | 5 | 2 | 0 | 40 | 91 |
| 1929 | 9 | 6 | 0 | 0 | 2 | 2 | 1 | 20 | 4 | 19 | 0 | 0 | 4 | 1 | 0 | 28 | 48 |

Aus der *Tabelle 1* geht die Zunahme der Bildungsanstalten (vgl. Kis, 1929: 26) vor allem der staatlichen, aber auch der römisch-katholischen Anstalten für Mädchen hervor. Im Gesetz für Bildung von Eötvös war festgehalten, 20 neue Lehrerbildungsanstalten (vgl. Szakál, 1934: 73)[1] ins Leben zu rufen. Noch im

---

1   Die staatlichen Bildungsanstalten mit Gründungsjahr:
    1869 Buda (für Jungen und auch für Mädchen), Csurgó, Sárospatak (Ungarn) und Lučenec/Lizenz (Zips).
    1870 Baja (Ungarn) und Levice/Lewenz, Modra/Modern, Kláštor pod Znievom/Zni-óváralja (Slowakei), sowie

Herbst 1869 wurde die erste staatliche Anstalt in Buda gegründet; 1870 entstand die Hochschule in Baja/Südungarn. Als Besonderheit ist hervorzuheben, dass auch heute die langjährigen und guten Kontakte mit zwei der damals gegründeten Lehrerbildungsanstalten gepflegt werden: mit der in Subotica/Maria-Theresiopolis, die auch zur Zeit Lehrende für die ungarische Minderheit in der Südbatschka (Serbien) ausbildet und mit der in Čakovec/Tschakturn (Kroatien), die als Pädagogische Fakultät an die Universität Zagreb angeschlossen wurde.

1875 standen die 20 Anstalten, davon 16 für Jungen und 4 für die Mädchen und bis 1918 gab es 22 staatliche Ausbildungsstätten für Jungen und 8 für Mädchen. Die römisch-katholische Kirche spielte in der Bildung fortan eine wichtige Rolle und verfügte über 22 Lehrerbildungsanstalten für Mädchen und 11 für Jungen.

Der im Sprachgebrauch stattfindende Wechsel zeigt auch den nationalistischen magyarischen Charakterzug in der Ausbildung der Lehrerinnen und Lehrer: In den Aufzeichnungen von József Kiss steht z.B. über die Nonnenschule Spreng in Pest, dass der Unterricht vom Eröffnungsjahr 1855 bis 1861 einsprachig Deutsch und nach einem kurzem Übergang von 1864 wieder einsprachig, aber nur auf Ungarisch lief (vgl. Kiss 1929).

Das Ergebnis der ungarischen Schulpolitik war, dass sich bis 1905 die Zahl der einsprachigen Nationalitätenschulen halbierte. Die Deutschen verloren etwa tausend Schulen. Lediglich 90 Prozent der Schulen für Siebenbürger Sachsen blieben bestehen. Für 387 000 Deutsche im Banat gab es 1912 nur mehr 31 Schulen mit Deutsch als Unterrichtssprache, für 190 000 Deutsche in der Batschka nur 19 Schulen im Schuljahr 1914/15 (vgl. Seewann 2012: 39).

Diese statistischen Zahlen nahmen nur noch ab und der Sprachenwechsel nahm immer stärker zu. Jakob Blayer (1874–1933), ein wesentlicher Repräsentant der Deutschen in Ungarn, hoffte dies beeinflussen und anhalten zu können. Er trat 1917 mit einem Programm zur Bewahrung und Pflege des Deutschtums in der Volksgruppe im schulisch-kulturellen Bereich an die Öffentlichkeit. Er gründete 1921 die Wochenzeitung das „Sonntagsblatt", 1923 den „Ungarländischen Deutschen Volksbildungsverein" (UDV) und führte mit den Regierungen ständig Verhandlungen, um seine Ziele erreichen zu können. Nach der Regierungsverordnung

---

Deva/Diemrich, Cluj-Napoca/Klausenburg für Mädchen, Sighetu Marmaţiei/Maramureschsigeth, Cristuru Secuiesc/Székelykeresztúr, Zalău/Zillenmarkt (Rumänien).
1871 Kiskunfélegyháza (Ungarn), Spišská Nová Ves/Zipser Neudorf, Pozsony/Pressburg für Mädchen (Slowakei), Cluj-Napoca/Klausenburg für Jungen (Rumänien), Subotica/Maria-Theresiopolis für Mädchen (Serbien).
1873 Arad (Rumänien).
1879 Čakovec/Tschakturn (Kroatien).

4800/1923 wurde der Gebrauch der Minderheitensprachen in der Verwaltung, in der Presse, in der Religion und in den Schulen gewährleistet. Darauf bauend erließ ein Jahr später, 1924, Kultusminister Graf Kunó Klebelsberg eine ausführliche Verordnung betreffend die Elementarschulen für Minderheiten (vgl. Seewann 2012: 238).

Mit dieser Verordnung wurden drei Schultypen geschaffen:

1. Typ A: Sämtliche Fächer werden in der Minderheitensprache unterrichtet, Ungarisch ist Pflichtfach.
2. Typ B: Ein Teil der Fächer wird in Ungarisch, ein Teil in der Minderheitensprache und ein Teil in beiden Sprachen unterrichtet.
3. Typ C: Alle Fächer werden in Ungarisch unterrichtet, in der Minderheitensprache ist lediglich Lesen und Schreiben Pflichtfach.

Typ C entsprach und entspricht der magyarischen Nationalauffassung, man gibt nämlich dem Kind den Namen, also „Nationalitätenunterricht" und erteilt dabei nichts anderes nur die Minderheitensprache. Dieses Prinzip wurde/wird eigentlich bis heute verfolgt.

Die statistischen Angaben im Ungarn nach Trianon weisen darauf hin, dass nach der Volkszählung von 1920 die Anzahl der Deutschen den größten Anteil der Nationalitäten (551 211 Personen) bildete (vgl. Rutsch/Seewann 2014). Es gab 325 Orte mit einer absoluten deutschen Bevölkerungsmehrheit. Die Daten zum Schuljahr 1928/1929 zeigen demgegenüber, dass Typ C in 314 Schulen (68 %) bevorzugt wurde. Ein Drittel der Schulen unterrichtete auch Fachfächer in Deutsch: 48 Schulen (11 %) machten einen einsprachigen Deutschunterricht, d.h. Typ A, und 98 Schulen (21 %) erteilten einen zweisprachigen Unterricht, d.h. Typ B.

Bestimmend war in dieser Lage weiterhin die Einstellung der katholischen Kirche als Schulträger. Sie konnte dominierend wirken, denn fast 70 % der Minderheitenschulen war katholisch und nur etwa 10 % staatlich.

Blayer konnte die Schulfrage nicht lösen, die Assimilation und der Sprachverlust der Deutschen nahmen in den kommenden Jahren zu. Ihre Verschleppung zur Zwangsarbeit nach Russland (Malenkij Robot), sowie ihre Enteignung und Vertreibung aus Ungarn nach dem Zweiten Weltkrieg verstummte die Deutschen ganz. Es wuchs die sog. stumme Generation auf, die über keine aktiven Deutschkenntnisse mehr verfügt. Weder öffentlich noch privat in der Familie sprach man – bis auf wenige Ausnahmen – auf Deutsch.

Erst 1951/1952 konnte ein Nationalitäten-Sprachunterricht in den Grundschulen begonnen werden. 1956 starteten drei Nationalitäten-Gymnasien in Baja, Kőszeg/Güns und Pécs. Im Bericht vom Bildungsministerium über das Schuljahr 1960/1961 (vgl. Nationalitäten-Schulen und Unterricht im Kádár-Regime) stand, dass in 141 Grundschulen vom Typ C die deutsche Sprache in zwei oder drei Wochenstunden dem Stundenplan anhängend unterrichtet wurde, zweisprachige Grundschulen vom Typ B gab es zwei. 1969 wurde den Pädagogen etwas Zuschuss für Nationalitäten-Unterricht gegeben. 1978 wurde Deutsch in den Stundenplan eingebaut. Das Bildungsgesetz 1985 ermöglichte der Minderheit im Lande wieder eine einsprachige Erziehung im Kindergarten und einen einsprachigen Unterricht (Typ A). 1989 konnte mit den vererbten Russischstunden die Zahl der Deutschstunden auf 5 erhöht werden. Einen großen Fortschritt bedeutete, dass 1993 das Minderheitengesetz über die Rechte der Nationalitäten in Kraft trat. 1997 erschienen die Richtlinien für die Bildung, die in den örtlichen pädagogischen Plan obligatorisch eingebaut werden mussten. 1998 wurden die Rahmenlehrpläne ausgearbeitet.

Laut Angaben der Landesselbstverwaltung der Ungarndeutschen (vgl. Sax[2], 2013: 9) stieg die Schülerzahl in den deutschen Nationalitäten-Schulen im Schuljahr 2011/2012 auf 303 zweisprachige Kindergärten, auf 307 Nationalitäten-Grundschulen, davon waren 28 Schulen vom Typ B und 10 Schulen mit erweitertem Deutschunterricht. Es waren 19 Nationalitäten-Mittelschulen, davon 10 Gymnasien vom Typ B.

Die detaillierte Darlegung der Lage der Deutschen in den vergangenen Jahrhunderten schien notwendig zu sein, um ihre Situation in der Gegenwart verstehen zu können. Meiner Meinung nach waren und bleiben Schlüsselfragen im Unterricht vor allem die Lehrkräfte, die Ausbildung der Lehrpersonen, ihre Qualifikation und ihre Kenntnisse. Ich denke, dass die Erwartungen an den Ausbau und die zahlenmäßige Erweiterung der einsprachigen oder zweisprachigen Schulen illusorisch sind, wenn dazu die Bedingungen nicht gesichert werden. Dieser Gedanke kann mit der Frage ausgedrückt oder kontrolliert werden: Wann und wo wurden/werden dafür in Ungarn Fachlehrkräfte ausgebildet?

Für Jugendliche mit einem Abiturabschluss ist es heute möglich, an zahlreichen Hochschulen und Universitäten die deutsche Sprache (u.a. Germanistik), aber auch einige Studienfächer auf Deutsch (z.B. Maschinenbau an der Technischen Universität oder die Studiengänge an der Andrássy Universität) zu studieren. Nicht möglich ist und war es auch im letzten Jahrhundert nicht, Unterrichtsfächer wie Mathematik, Biologie, Sport oder Musik auf Deutsch für Lehramt zu studieren. Aus eigener Erfahrung kann behauptet werden, dass es eine große Herausforderung ist z.B. das Fach Geographie auf Deutsch zu unterrichten, wenn

---

2   Bildungsreferentin

es im Studium nur auf Ungarisch absolviert werden konnte. Die Situation für Grundschullehrende ist nicht anders.

Werfen wir kurz einen Blick auf die Deutschlehrerausbildung in Ungarn: Möchte man Deutsch in einer Nationalitätenschule in der Sekundarstufe unterrichten, bewirbt man sich um einen Studienplatz an die Universität in Pécs (PTE) oder in Budapest (ELTE). Dort kann ein Masterstudium in 10 Semestern studiert und die Qualifikation für Nationalitäten-Deutschlehrende der Sekundarstufe I (Klasse 5.–8.) erworben werden. Absolviert man das Masterstudium in 12 Semestern, erwirbt man die Qualifikation für Nationalitäten-Deutschlehrende der Sekundarstufe II (Klasse 5.–12.). Möchte man eine Nationalitäten-Deutschlehrende der Primarstufe werden, dann macht man ein Bachelor-Studium mit einer deutschen Nationalitäten-Fachrichtung in 8 Semestern an einer Hochschule wie z.B. in Baja (EJF) oder in Budapest (ELTE TÓK). Dieses Diplom befähigt[3] die Absolventen zum Unterricht der deutschen Sprache von Klasse 1–6 und zum zweisprachigen Unterricht aller Bildungsbereiche wie Mathematik, Musik, Naturkunde, Sport und Bewegung, Visuelle Erziehung und Werken.

Es ist jedoch für die Lehrperson in der Nationalitäten-Grundschule ein Problem, Fächer wie z.B. Werken auf Deutsch zu erteilen, wenn sie es in der Landessprache, also auf Ungarisch erworben hat. Die ungarische Bildungspolitik ermöglicht seiner Minderheit keine Sachfächer wie Biologie und Physik usw. in Minderheitensprachen zu studieren und es gibt auch keine Fachlehrkräfte auf Hochschulebene, die diese Fächer in der Sprache der Minderheit – also auf Deutsch – unterrichten könnten. Das ist eine wesentliche Schwachstelle in der Ausbildung der Nationalitäten-Grundschullehrerende (in der Primarstufe). Dagegen versuchte EJF Baja immer wieder aufzutreten, so dass der deutschsprachige Fachunterricht (DFU oder CLIL) im Vollstudium oder an Fortbildungen gestärkt angeboten wurde.

Zurzeit läuft ein Sonderprojekt mit einer Sonderlösung an der Hochschule. Die Bildungsplattform Baja (BPB) wurde am 26. August 2013 am Institut für Minderheiten- und Fremdsprachen mit dem Ziel gegründet, Deutschlehrende durch gezielte Aus- und Fortbildung auf den neuesten methodisch-didaktischen Wissensstand zu bringen, um damit die nötigen Kompetenzen zu haben, um ihren Unterricht in den zweisprachigen und Nationalitäten-Schulen zu optimieren und den Schülerinnen und Schülern das Erlernen der deutschen Sprache zum Erlebnis und damit erfolgreich zu machen. Die Sprachoffensive will hoffen, dass die deutsche Sprache in den deutschen Volksgruppen in Ungarn auch dadurch gefördert werden kann.

---

3   Siehe Regierungsverordnung Nr. 158/1994, modifiziert unter der Nr. 15/2006.

Es läuft ein Pilotprojekt für Deutschlehrende der Sekundarstufen, die in den Nationalitätenschulen auch Schülerinnen und Schülern der Primarstufe unterrichten bzw. unterrichten sollen,[4] was aber ohne entsprechende Qualifikation laut Bildungsgesetz 2011[5] gesetzeswidrig sei. Ein Zusatzdiplom mit der Qualifikation „Diplom für Grundschullehrer/in BA mit der Fachrichtung für deutsche Nationalitätensprache" kann anstatt in 8 Semestern in 2 Jahren, d.h. in 4 Semestern, Ausbildungszeit erworben werden. Ein wesentlicher Teil dieser Lehrpläne sind die sog. Module, die aus 25 Unterrichtseinheiten bestehen. Es gibt *zwei Module* für Didaktik und Methodik der deutschen Sprache und *sechs Module* für Fachdidaktik und Fachsprache in den Fächern Umweltkunde, Mathematik, Gesang und Musik, Sport und Bewegung, Werken, Künstlerische und Visuelle Erziehung. Diese 200 Didaktik- und Methodik-Stunden in deutscher Sprache sind von sehr großer Bedeutung, denn damit wird ein zweisprachiger Unterricht an dieser Hochschule in Ungarn eingeführt.

Diese pädagogische Tätigkeit an der *Eötvös József Hochschule (EJF) Baja* wird vom *Österreichischen Kulturforum (ÖKF) Budapest* und von der *Pädagogischen Hochschule Niederösterreich (PH NÖ) in Baden* mehrfach unterstützt. Als ein begleitendes Programm läuft auch eine Schulpraxis: Die österreichischen Lehrkräfte hospitieren, analysieren und reflektieren den Unterricht der Studierende in ihren Heimatschulen auf dem Lande. Aus dieser Sicht wird das Ergebnis im Pilotprojekt sehr hochgeschätzt, denn die Lehrpersonen, die nach dem Pilotprojektlehrplan ausgebildet sind, werden in den Nationalitäten- und zweisprachigen Grundschulen mathematische Aufgaben oder Bewegungsspiele usw. auch in deutscher Sprache ausführen können.

Nicht zu vergessen ist der hinführende Weg, ein sog. Entfaltungsprozess, der zur oben erwähnten Bildung, zum Pilotprojekt führen konnte. Auf diesem langen Weg war die Pädagogische Hochschule Ludwigsburg (PHL) ein Begleiter. Einen nachhaltigen Kontakt, eine intensive fachliche Zusammenarbeit stellt die SOMAK dar. Die *Sommerakademie*, deren Initiator die PHL war, wurde 1993 das erste Mal ins Leben gerufen. Sie ist von Anfang an eine Fortbildung für Deutschlehrende der Nationalitäten- oder zweisprachigen Nationalitäten-Grundschulen. Seit 2015 gibt es in diesem Rahmen auch ein Fortbildungsangebot für Kindergartenpädagogen.

---

4    Ergebnisse einer eigenen Untersuchung mit dem Titel „*Vorbedingungen für einen effektiven Deutschunterricht*", die 2007 und 2008 an Nationalitäten-Grundschulen landesweit durchgeführt wurde.

5    Siehe Bildungsgesetz 2011 CXC Anhang 3, Punkt 21–24.

In der Vorgeschichte dieser Veranstaltung ist zu erwähnen, dass in den 80er Jahren des vorigen Jahrhunderts zahlreiche Städtepartnerschaften zwischen baden-württembergischen und ungarischen Städten, in denen eine deutschstämmige Minderheit lebte, so z.b. zwischen Pécs und Fellbach, Baja und Waiblingen, oder Bácsalmás und Backnang, entstanden. 1987 habe Dr. Anton Zorn, Sekretär der Hochschule und Vizevorsitzender des Verbandes der Ungarndeutschen den Wunsch nach einer Partnerschaft zwischen der *Eötvös József Főiskola* und einer Pädagogischen Hochschule in Baden Württemberg gegenüber dem Landtagspräsidenten im Haus der Abgeordneten in Stuttgart geäußert – berichtete in seiner Ansprache zum Symposium des 10 jährigen Jubiläums der Hochschulpartnerschaft *Gerhard Stephan*, der PHL, der den Partnerschaftsvertrag am 09. November 1989 mit dem damaligen Rektor der Hochschule, Károly Juhász unterzeichnete (vgl. Strauch 2000: 15).

Die ersten drei Jahre dieser Zusammenarbeit war das sog. TEMPUS-Programm bestimmend. Das Projekt wurde von Reinhard Strauch, der als Leiter des Akademischen Auslandsamtes für die internationalen Beziehungen der PHL zuständig war und von Peter Dines, der anfangs als Hochschullehrer, später als Mitarbeiter und Leiter des Akademischen Auslandsamtes zu den Erfolgen wesentlich beitrug, begleitet. Eine große Zahl von Studierenden konnte im vierjährigen TEMPUS-Projekt nach Deutschland reisen teils zu einem einjährigen, teils zu kürzeren Intensivkursen, auch die Dozentenmobilität begann, sowie zahlreiche technische Ausstattungen – Druckerei, Kopiergeräte, Computer usw. – wurden nach Baja transportiert. Die nachhaltige Auswirkung begann im letzten TEMPUS-Jahr, als 1993 die Sommerakademie als eine Kooperationsveranstaltung zwischen beiden Hochschulen startete. Von Jahr zu Jahr bekam sie immer mehr Aufmerksamkeit und im Sommer 2017 findet die XXV. Sommerakademie in Baja statt. In diesem Vierteljahrhundert konnte vieles verwirklicht werden. Vor allem eine sehr fruchtbare Zusammenarbeit auf internationaler Ebene, in der ein methodisch-didaktisches Konzept zur Fortbildung der Deutschlehrenden für die Nationalitäten-Grundschulen entwickelt wurde. Im Mittelpunkt dieses Konzeptes steht nicht nur der DaF-Unterricht, sondern auch der deutschsprachige Fachunterricht (DFU).

Die Wurzeln der *Sprachlernwerkstatt* führen auch zur PHL, die 1998 mit der Hilfe von zahlreichen Gastlehrern aus Bayern, Baden-Württemberg und Niedersachsen ins Leben gerufen wurde und lange Zeit die einzige an Hochschulen war. Im Mittelpunkt der Konzeption dieser Einrichtung steht die deutsche Sprache, die Theorie und Praxis der Deutschförderung mit neuen, offenen Methoden. Die Sprachlernwerkstatt zeigt kindgerechte Wege der Sprachförderung auf. Diese Einrichtung bietet eine Fülle von Anregungen und Ideen zum handlungsorientierten

Deutschunterricht und verfügt über eine reiche und vielfältige Sammlung an ausgewählten didaktischen Materialien für die Sprachvermittlung an Kindergärten und den Sprachunterricht an Grundschulen (vgl. Jäger-Manz 2010: 192).

In der Aus- und Fortbildung von Deutschpädagogen verfolgt das Team am Institut für Fremd- und Nationalitätensprachen das Ziel, Sprachpädagogen mit Theorie und Praxis der frühen Zweisprachigkeit sowie mit handlungsorientierten Methoden vertraut zu machen. Die Studiengänge *Bachelor-Studium für Kindergartenpädagogin und -pädagoge* sowie für *Grundschullehrende BA* (Klasse 1–6) mit der Fachrichtung für deutsche Nationalitätensprache, sollen mit einem Bachelor-Studium für Kindertagesheim-Erzieher mit der Fachrichtung für deutsche Nationalitätensprache und mit einem Masterstudiengang für Deutsch- und Nationalitäten-Deutschlehrende (Klasse 5–8) ergänzt werden. Durch diesen Zukunftsplan wird angestrebt, dass an der *Eötvös József Hochschule in Baja* ein Kompetenzzentrum für die Aus- und Fortbildung deutscher und zweisprachiger Pädagogen entsteht, die eine Verantwortung für den Erwerb, die Erweiterung und die Vertiefung der deutschen Sprachkenntnisse der Kleinkinder und Jugendlichen in Ungarn mittragen möchten.

## Literatur

Árkossy, Katalin/Brenner, Koloman/Erb, Maria/Gerner, Susanne/Knipf, Elisabeth/Manherz, Karl/Szabó, Dezső/Wild, Katharina (2006): Ungarndeutsche Minderheitenkunde. Budapest: Bölcsész Konzorcium.

Balogh Sándor (2002): A magyar állam és a nemzetiségek. A magyarországi nemzetiségi kérdés történetének jogforrásai 1848–1993. [Der ungarische Staat und die Nationalitäten. Die rechtlichen Quellen der ungarischen Minderheitenfragen zwischen 1848 und 1993] Budapest: Napvilág Kiadó.

Erb, Maria/Knipf-Komlósi, Elisabeth (Hrsg.) (2007): Tradition und Innovation. Budapest: ELTE Germanistisches Institut. Nationalitäten-Schulen und Unterricht im Kádár-Regime/Nemzetiségi iskolák és oktatás a Kádár-korszakban: http://www.sulinet.hu/oroksegtar/data/magyarorszagi_nemzetisegek/altalanos/etnikum_es_educatio/pages/007_nemzetisegi_iskolak_kadar.htm (zuletzt geprüft am 08.08.2016)

Jäger-Manz, Monika (2010): Deutsch-Ungarische Zweisprachigkeit an Bildungseinrichtungen Ungarns. In: Geiger-Jaillet, Anemone (Hrsg.): Lehren und Lernen in deutschsprachigen Grenzregionen. Bern: Peter Lang. S. 183–194.

Kiss, József (1929): Nők a tanítói pályán. [Karriere der Frauen im Lehrberuf] Budapest/Pécs: Dunántúl Egyetemi Nyomdája. Online verfügbar: http://mtdaportal.extra.hu/books/kiss_jozsef_nok_a_tanitoi_palyan.pdf (zuletzt geprüft am 08.08.2016)

Manherz, Karl (Hrsg.) (2001): Die Ungarndeutschen. Budapest

Pukánszky, Béla/Németh, András (2016): Neveléstörténet – 9.2 Pedagógia és iskoláztatás 1867–1919 között. [Erziehungsgeschichte – 9.2 Pädagogik und Einschulung zwischen 1867–1919]. Online verfügbar: http://magyar-irodalom. elte.hu/nevelestortenet/09.02.html. (zuletzt geprüft am 01.04.2016)

Rutsch, Nóra/Seewann, Gerhard (2014): Geschichte der Deutschen in Ungarn für die 9.–12. Klasse. Pécs. http://udgeschichte.hu/ (zuletzt geprüft am 08.08.2016)

Strauch, Reinhard (2000): 10 Jahre ungarisch-deutsche Hochschulpartnerschaft. Beiträge zum Symposium im Oktober 1999. Ludwigsburg.

Sax, Ibolya (2013): A nemzetiségek jogainak érvényesítése a köznevelésben, a német nemzetiségi oktatás helyzete Magyarországon [Die Durchsetzung der Rechte der Minderheiten in der allgemeinen Bildung, die Situation des Deutschunterrichtes in Ungarn]. Budapest: Landesselbstverwaltung der Ungarndeutschen.

Seewann, Gerhard (2012): Geschichte der Deutschen in Ungarn. Band 2: 1860 bis 2006, Marburg: Herder Institut.

Szakál, János (1934): A magyar tanítóképzés története. [Geschichte der ungarischen Lehrerbildung] Budapest: Hollóssy János Könyvnyomtató.

Éva Márkus

Eötvös Loránd Universität Budapest (Ungarn)

# Minderheiten in Ungarn und die Ausbildung von Minderheitenpädagogen an der ELTE TÓK

*The article deals with minorities in Hungary in general and the Hungarian-German minority in particular. It describes the training of minority teachers at the Eötvös Loránd University of Budapest, Faculty of Primary and Pre-School Education (in short: ELTE TÓK), and presents curricula of training courses for kindergarten teachers and primary school teachers.*

## 0. Einleitung

Der folgende Beitrag behandelt die Minderheiten in Ungarn, ungarndeutsche Minderheiten speziell, er präsentiert statistische Daten über die Minderheiten, beschreibt das Minderheitengesetz in Ungarn und die Situation um die Unterrichtslage für die Minderheiten. Des Weiteren wird die Ausbildung von Minderheitenpädagogen an der Eötvös Loránd Universität Budapest, Fakultät für Grundschullehrer- und Erzieherbildung (kurz ELTE TÓK) vorgestellt. Ziel des Beitrags ist es, Curriculum, genaue Lerninhalte der Ausbildungsgänge für Kindergartenpädagogen und Primarschullehrende detailliert darzustellen. Die an der ELTE TÓK ausgebildeten Kindheitspädagogen erwerben die Kompetenz, die Kinder/Schüler (3–12 Jahre) in den Kindergärten und Schulen der ungarndeutschen Minderheit sowohl in ungarischer als auch in deutscher Sprache zu erziehen und zu unterrichten.

## 1. Ethnische und nationale Minderheiten in Ungarn

Man muss in dieser Angelegenheit einen Unterschied vor und nach 1920, dem Friedensvertrag von Trianon nach dem Ersten Weltkrieg, machen. 1910 hatte das Königreich Ungarn eine Gesamtbevölkerung von 18 264 533 Personen. 48 % waren davon Ungarn und 9,8 % Deutsche. 1930 lebten nur noch 8 688 319 Menschen in Ungarn, das Land verlor 232 338 km², 71,4 % seines Staatsgebietes (vgl. Pesti hírlap 1939). Die Zahl der Ungarn stieg auf 89,6 % (vgl. Die 1920er Volkszählung), die Zahl der Deutschen in Ungarn sank auf 6,9 %, etwa eine halbe Million Personen (vgl. Die Ungarndeutschen zwischen den beiden Weltkriegen 2016).

Gegenwärtig sind in Ungarn dreizehn Minderheiten gesetzlich anerkannt. Davon sind zwölf nationale Minderheiten und eine ethnische Minderheit, die Roma. Bei den Volkszählungen werden nur die Daten über die sog. historischen Minderheiten gesammelt, die seit mehr als 100 Jahren in Ungarn ansässig sind.

## 1.1 Die statistischen Daten der Volkszählung 2011

Bei der Volkszählung vom Jahre 2011 bezeichneten sich 644 524 Befragte, 6,5 % der Bevölkerung, als Angehörige von anerkannten Minderheiten. Den größten Teil machen die Roma aus: 315 583 Personen (3,2 %) (vgl. Központi Statiszkai Hivatal 2013). Laut Schätzungen ist ihre Zahl aber noch höher: sie wird von der Roma Intelligenz auf 800.000–1.000.000 Personen eingeschätzt (vgl. Heltai 2016). Die Roma sind keine einheitliche Volksgruppe. Sie wanderten im Mittelalter von der Balkan-Halbinsel nach Ungarn ein. Die Lebensumstände der Roma sind heute miserabel, sie sind von der tiefsten Armut am meisten betroffen. Auf dem Arbeitsmarkt und hinsichtlich der schulischen Ausbildung haben sie eine sehr benachteiligte Position (vgl. Pórczik 1999). Die Roma in Ungarn sprechen heute überwiegend Ungarisch als Muttersprache. Viele sind zwei- oder dreisprachig. Ein Teil spricht noch die Sprachen Romani (eine neuindische Sprache) und Beasch (archaische, rumänische Dialekte) (vgl. Tálos 2001).

Die Deutschen sind die zweitgrößte Minderheit mit 185 696 Personen (1,9 %). Über 10 000 Personen zählen Rumänen (35 641 Personen), die Slowaken (35 208 Personen), die Kroaten (26 774 Personen) und die Serben (10 038 Personen). (vgl. Központi Statiszkai Hivatal 2013). Die Rumänen leben überwiegend an der rumänischen Grenze, im Komitat Békés, aber auch in Budapest und im Komitat Pest gibt es einen Anteil von Rumänen (vgl. Központi Statiszkai Hivatal 2013). Slowaken leben hauptsächlich in drei Gebieten: Im Komitat Békés, Komárom-Esztergom und Pest. Kroaten leben überwiegend in der Nähe der kroatischen Grenze. Es gibt aber auch von Kroaten bewohnte Dörfer an der westlichen Grenze des Landes (vgl. Kárpát-medencei Magyar Kutatási Adatbázis 2005). Die Ansiedlung von Serben nach Ungarn erfolgte in großer Zahl im Jahre 1690 und in den nachfolgenden Jahren. Schätzungsweise kamen 30–40 000 Familien (200 000 Personen) nach Ungarn, generell siedelten sie sich in Gemeinden, getrennt von der ungarischen Bevölkerung, an (vgl. Szakály 1991). Serben leben heute vor allem im Süden des Landes sowie in der und um die Hauptstadt Budapest. (vgl. Kocsis 2001).

Die zahlenmäßig kleinsten Minderheiten sind die Ukrainer (7 396 Personen), Polen (7 001 Personen), Bulgaren (6 272 Personen), Griechen (4 642 Personen), Ruthenen (3 882 Personen), Armenier (3 571 Personen) und die Slowenen (2 820 Personen) (vgl. Központi Statiszkai Hivatal 2013).

## 1.2  Der Minderheitenunterricht und das Minderheitengesetz 2011

Die Minderheiten haben ein Recht auf Unterricht in der Muttersprache. Man kann in Ungarn drei Typen von Nationalitätenschulen unterscheiden: es gibt den Schultyp mit Unterricht in der Nationalitätensprache, wobei auch das Ungarische als Pflichtsprache unterrichtet werden soll. Diesen Schultyp gibt es für die deutsche Minderheit nicht. Die zweisprachigen Schulen bilden den zweiten Typ, in denen bestimmte Unterrichtsfächer, mindestens drei, in der Minderheitensprache, weitere auf Ungarisch unterrichtet werden. Es sind – außer dem Unterrichtsfach Muttersprache – vor allem die Fächer Musik, Sachkunde und Sport, evtl. Mathematik und Kunst (ästhetische Erziehung), die in den ersten vier Klassen der Grundschule (6–10 Jahre) mit Vorliebe auf Deutsch unterrichtet werden. Außer diesen gibt es das spezielle Unterrichtsfach Heimatkunde, das in einer Wochenstunde in jeder Nationalitätenschule unterrichtet werden soll. Dabei sollen den Schülern spezielle Informationen über die Geschichte, Kultur und die Traditionen der Deutschen in Ungarn, über Minderheitenrechte etc. beigebracht werden. Den dritten Typ stellen Schulen dar, die Deutsch ab dem ersten Schuljahr in erhöhter Stundenzahl (etwa 5 Stunden/Woche + Heimatkunde 1 Stunde) unterrichten. Sonst läuft der gesamte Unterricht in ungarischer Sprache. Die meisten Nationalitätenschulen gehören zum dritten Schultyp. Die oben erwähnte Stundenzahl reicht für den Ausbau solider Sprachkenntnisse oft nicht aus. Eine Nationalitätenschule oder -klasse kann etabliert werden, wenn dies die Eltern von mindestens 8 Kindern beantragen. Der Staat stellt für die Verwirklichung der Minderheitenerziehung (im Kindergarten) und des Minderheitenunterrichts (in der Schule) über die allgemeinen Quellen hinaus eine zusätzliche, normative Unterstützung bereit. Der ungarische Staat sichert laut Minderheitengesetz CLXXIX./2011 163. § (2) die Ausbildung von Nationalitätenpädagogen für die Schulen und Kindergärtender ungarndeutschen Minderheit an mehreren Hochschulen und Universitätsfakultäten des Landes (Márkus 2015 und vgl. Müller 2010).

Der Anteil der Schüler, die am Nationalitätenunterricht teilnehmen, beträgt bei den Ungarndeutschen 302 %. Die hohe Prozentzahl lässt sich dadurch erklären, dass die deutschen Minderheitenschulen und die deutsche Sprache in Ungarn überhaupt ein hohes Prestige haben, und viele Kinder der ungarischen Mehrheitsbevölkerung diese Schulen gerne besuchen. Populär sind auch noch die Schulen der Slowaken (mit 230 %) und der Kroaten (mit 151 %). Es gibt auch Nationalitäten, die keine Nationalitätenschulen haben, beispielsweise die Ukrainer, für deren Kinder werden Sonntagsschulen veranstaltet (vgl. B/6626 2015).

Im Kapitel IV das Minderheitengesetzes CLXXIX./2011 werden die kollektiven Nationalitätenrechte beschrieben. Unveräußerliche kollektive Rechte der Natio-

nalitäten sind: a) Wahrung, Pflege, Stärkung und Vererbung ihrer Selbstidenti-
tät und b) Wahrung und Entwicklung ihrer historischen Traditionen und ihrer
Sprache, die Pflege und Bereicherung ihrer sachlichen und geistigen Kultur. Die
Nationalitätengemeinschaften haben das Recht, a) Einrichtungen zu errichten
und zu betreiben, diese von einem anderen Organ zu übernehmen, b) auf eine
Kindergartenerziehung der zur Nationalität gehörenden Kinder, auf ihre Grund-
schulerziehung und Schulung, ihre Verpflegung in Nationalitätenschulheimen,
ihre Erziehung und Bildung in Gymnasien, Fachmittelschulen und auf ihre Ausbildung in Fachschulen oder auf ein Hochschulstudium.

Kapitel V enthält die Bildungs-, Kultur- und Medienrechte der Nationalitäten.
Im Sinne des Gesetzes gelten als von den Nationalitäten verwendete Sprachen:
die bulgarische, griechische, kroatische, polnische, deutsche, armenische Sprache, die Romanes/Zigeunersprache, die rumänische, russinische, serbische, slo-
wakische, slowenische und ukrainische Sprache, ferner im Fall der Romas und
Armenier auch die ungarische Sprache. In der Erziehung im Nationalitätenkin-
dergarten, in der schulischen Erziehung und Bildung wird die Aneignung der zum
Bereich der Volkskunde gehörenden Kenntnisse sichergestellt, so insbesondere
das Kennenlernen der Geschichte, Literatur, Geographie, der kulturellen Werte
und Traditionen der Nationalität und ihres Mutterlandes und der Nationalitätenrechte. Der Staat unterstützt auch die Anstellung von Gastdozierende in Ungarn,
die aus dem Mutter- beziehungsweise Sprachland der Nationalitäten kommen.
(vgl. Minderheitengesetz CLXXIX./2011)

## 1.3 Die Ungarndeutschen

Laut Schätzungen der Forscher leben ca. 250 000 Ungarndeutsche in Ungarn,
die offizielle Zahl der Statistik liegt deutlich unter dieser Zahl. Wegen der fortge-
schrittenen Assimilation und der vielen Mischheiraten ist es schwierig, ihre Zahl
genau zu bestimmen bzw. einzuschätzen.

Sie leben nicht kompakt, auf einem Gebiet, sondern zerstreut im ganzen Land,
in mehreren Regionen. Deutsche und Ungarn leben bereits seit tausend Jahren im
Karpatenbecken zusammen. Im Mittelalter kamen bereits deutsche Kolonisten
ins Ungarische Königreich, die ungarischen Städte hatten einen bedeutenden
deutschen Bevölkerungsanteil. Im 18. Jahrhundert, nachdem Ungarn von der
Türkenherrschaft befreit worden war, sind Zehntausende von deutschen Siedlern
nach Ungarn gezogen. 1787 lebten bereits 1,1 Millionen Deutsche im ungarischen
Königreich (Gesamtbevölkerung damals 9,2 Millionen). Sie lebten hauptsächlich
in Dörfern und beschäftigten sich mit Landwirtschaft und Handwerk. Da die

Kolonisten aus unterschiedlichen Gegenden Deutschlands nach Ungarn überge-
siedelt sind, entstanden in den neugegründeten Dörfern Mischdialekte.

Ein tragischer Zeitpunkt in der Geschichte der Ungarndeutschen war die Vertreibung nach dem zweiten Weltkrieg. Ungefähr 200 000 Deutsche sind aus Ungarn 1946–48 vertrieben worden. Sie wurden kollektiv für ihre Rolle im zweiten
Weltkrieg verantwortlich gemacht. Die hiergebliebenen Ungarndeutschen durften
ihre Sprache öffentlich nicht mehr benutzen, was zur Folge hatte, dass die Eltern
die deutsche Muttersprache, den Ortsdialekt an ihre Kinder aus Angst nicht weitergegeben haben. Das war ein bedeutender Schlag für die Muttersprache dieses
Volkes, denn diese Kinder, als sie selber Eltern wurden, konnten nur die ungarische
Sprache an ihre Kinder tradieren. Diese Tatsache ergibt die heutige traurige Situation, in der der Ortsdialekt der deutschen Dörfer nur mehr eine Alterssprache
geworden ist (vgl. Manherz 1998).

Die Frage ist: Gibt es eine Volksgruppe ohne Muttersprache? Welche Identi-
tätsfaktoren spielen im Leben dieser Minderheit eine Rolle? In den Schulen der
ungarndeutschen Minderheit, in den so genannten Nationalitätenschulen erlernen
die Kinder die deutsche Standardsprache als Minderheiten-/Zweitsprache bzw. als
Fremdsprache, da sie in der Familie in ungarischer Sprache sozialisiert werden. Es
ist also die Aufgabe der Schule, die „Muttersprache" den Kindern zu übermitteln.
Die alten Dialekte werden in den Schulen nicht benutzt. Es ist eine Frage der Zeit,
ob die deutsche Standardsprache die Rolle der Muttersprache übernehmen kann.
In den deutschen Nationalitätendörfern und auch in den -schulen werden viele
ungarndeutsche Chöre, Tanzgruppen, Orchester gegründet, die die alten deutschen Lieder, Melodien und Tänze wiederbeleben. Es scheint, die ungarndeutsche
Identität manifestiert sich in den eben aufgezählten kulturellen Bereichen.

## 2. Die Ausbildung von Minderheitenpädagogen an der ELTE TÓK

Die Fakultät für Grundschullehrer- und Erzieherbildung der Eötvös Loránd Universität Budapest bietet im Direktstudium folgende teilweise deutschsprachige
Ausbildungsgänge an: *BA Kindergärtnerinnenausbildung Deutsch als Minderheitensprache* (im Folgenden: DaM) für die Kindergärten der ungarndeutschen
Minderheit. Den Bildungsgang gibt es seit 2006, es werden von den Studierenden im Laufe der Ausbildung 180 Kreditpunkte erworben, die Studiendauer beträgt im Normalfall 6 Semester. *BA Primarschullehrendenausbildung DaM* für
die Grundschulen der ungarndeutschen Minderheit. Die Ausbildung existiert
seit 1990, insgesamt 240 Kreditpunkte erwerben die Studierenden im Laufe der
Ausbildung. Die Studienzeit beträgt im Normalfall 8 Semester.

Unsere *Studierenden* kommen nicht nur aus den Reihen der ungarndeutschen Minderheit, sondern auch aus der Mehrheitsbevölkerung. Die Absolventen der DaM-Studiengänge erhalten ein zweisprachiges Diplom. Die Ziele der deutschsprachigen Ausbildung sind, einen korrekten und anspruchsvollen Sprachgebrauch zu entwickeln, das Gruppenzugehörigkeitsgefühl der Studierenden zu wecken, das Nationalitätsbewusstsein zu stärken, sowie sprachpädagogische Grundlagen zu vermitteln. Wir haben 20–26 Erzieher-Studierende und 10–12 Grundschullehrende-Studierende pro Jahrgang. Auf dem Arbeitsmarkt haben unsere Absolventen sehr gute Voraussetzungen. Sie sind sehr gefragt, 80–90 % unserer Absolventen sind im Unterrichts- und Erziehungswesen tätig (mehrere davon im Ausland).

Unsere Fakultät hat langjährige Partnerschaften mit deutschsprachigen Hochschulen und Universitäten in Europa. Die Studierenden der Nationalitätenfachrichtung haben die Möglichkeit, im Rahmen der *Erasmus+ Mobilitätsprogramme* der EU ein Auslandssemester in Deutschland (PH Schwäbisch Gmünd, PH Ludwigsburg, PH Heidelberg, Universität Augsburg, EH Freiburg, EH Dresden), in Österreich (PH Oberösterreich, PH Tirol, PH Steiermark) oder in Italien in Süd-Tirol, (Freie Universität Bozen/Brixen) zu verbringen. Die Auslandsaufenthalte dienen nicht nur der zielsprachlichen Weiterbildung der Studierenden, sie spielen auch in der Persönlichkeitsentwicklung der Studierenden eine beachtliche Rolle, sie erwerben unersetzbare Erfahrungen auch in ihrer fachlichen und methodischen Ausbildung.

## 2.1  Die deutschsprachig angebotenen Kurse an der ELTE TÓK

### 2.1.1  Primarschullehrerausbildung

Die deutschsprachigen Unterrichtsfächer der Nationalitätenfachrichtung Grundschullehrerausbildung (insg. 540 Stunden, 36 Kreditpunkte) sind folgende: *Deutsche Grammatik I–V* wird fünf Semester lang belegt, *Deutsche Sprach- und Stilübungen/Konversation I–II* werden zwei Semester lang besucht. Beide Fächer dienen der Verbesserung der Sprachkenntnisse, der kommunikativen Fähigkeiten der Studierenden, sie sollen sich das Sprachniveau C1, die kompetente Sprachverwendung aneignen. Zwei wichtige Prüfungen schließen oben genannte Studienkurse ab: die *Filterprüfung Deutsch* Ende des 2. Semesters und das *Rigorosum Grammatik* Ende des 5. Semesters.

In den Kursen *Nationalitätenkunde – Volkskunde I–II* lernen die Studierenden die Geschichte, Kultur und Volkskunde der in Ungarn lebenden Deutschen kennen. In den Kursen *Ungarndeutsche Nationalitätenliteratur, -kinderliteratur I–II* bekommen die Studierenden einen kurzen theoretischen Überblick über die ungarndeutsche Literatur als Phänomen, über ihre Epochen, Themen, Gattungen,

Möglichkeiten, Probleme und Aussichten, über die Methoden der literarischen Textanalyse, die verschiedenen Übungstypen, außerdem wird ihnen Einblick in die religiöse Literatur und die Folklore der Ungarndeutschen gewährt. Den Studierenden werden Kenntnisse vermittelt, die sie in ihrer späteren Unterrichtstätigkeit in den Schulen der Nationalität gut gebrauchen können. Es werden ferner die wichtigsten Vertreter und Werke der modernen ungarndeutschen Literatur behandelt. Die Studierenden lernen die Sprache der Werke, die wichtigsten Merkmale der Dialekte, in denen sie geschrieben wurden, kennen. Die Studierenden eignen sich auch einige Kinderlieder, Verse, Reime, Spiele und Märchen an.

*Didaktik-Methodik DaM I–II*: Die Studierenden haben die Möglichkeit die im Laufe des Fremdsprachenunterrichtes angewandten wichtigsten Methoden, die Terminologie des Faches, die Kriterien der praktischen Anwendung der Methoden und die Faktoren der Entwicklung von Fertigkeiten kennen zu lernen. Sie beschäftigen sich mit dem Aufbau einer Unterrichtsstunde. Die theoretischen Kenntnisse werden mit Beispielen aus der Unterrichtspraxis vervollständigt.

*Deutsche Kinderliteratur I–II*: Dieses Fach gibt kinderliterarische und literaturdidaktische Grundkenntnisse für die Verwendung kinderliterarischer Texte im Nationalitäten- bzw. Fremdsprachenunterricht Deutsch der Grundschule. Die Seminare haben neben kurzen theoretischen Einführungen einen praktischen Charakter mit der Zielsetzung, dass produktive Arbeitsformen und kreative Verwendungsmöglichkeiten der Kinderliteratur im Fremdsprachenunterricht durch eigene Bearbeitungen von nach Schwierigkeitsgrad und Thema unterschiedlichen Texten erprobt und erlernt werden. *Literatur der deutschsprachigen Länder I–II*: Die Teilnehmenden dieses Seminars werden auf eine literarische Reise, die von der Zeit des Minnesangs und der Helden- und Ritterepen des Mittelalters, durch die Klassik mit Goethe und Schiller bis zur modernen Literatur unserer Zeit reicht, eingeladen. Die Lesetexte werden in abwechslungsreicher Form besprochen.

*Didaktik-Methodik des Musikunterrichts:* Musik hat vielseitige Verwendungsmöglichkeiten im Deutschunterricht. Die Studierenden lernen Kinderlieder kennen, Lieder mit begleitenden Hand- und Körperbewegungen, die es den Kindern erleichtern, sich Wörter und Redewendungen einzuprägen. Die Studierenden werden mit Volksliedern und einigen Tänzen der Ungarndeutschen vertraut gemacht, damit sie es der nächsten Generation ermöglichen können, diese Musik als etwas ihnen Eigenes zu betrachten. Den Kursinhalt bilden auch Wortschatz der Musiklehre sowie didaktische Fragen des Musikunterrichts. *Didaktik-Methodik des Sportunterrichts:* Aufwärmspiele, vorbereitende Übungen, Turnunterricht, Tänze, aerobe Gymnastikstunden, u.a. sollen die Studierenden in deutscher Sprache verwirklichen können. Es werden Stundenvorschläge erarbeitet, es wird sich im nötigen Wortschatz geübt, indem man einander konkrete Übungen auch ausführen lässt. *Didaktik-Methodik des Sachkundeunterrichts:* Hier werden den Studierenden die lehrfachübergreifenden Möglichkeiten und die Mannigfaltigkeit der Stundengestaltung bewusst gemacht. Die Studierenden stellen in Form von Referaten verschiedene Unterrichtsvorschläge zum selben Thema vor, die besprochen und analysiert werden. Sie können sich auch in einem Probeunterricht ausprobieren. *Unterrichtspraktikum I–II:* Die Studierenden haben über drei Semester deutsche Schulpraktika. Sie verbringen dabei eine Woche in der Übungsschule. Im 8. Semester haben sie ein 10wöchiges Unterrichtspraktikum. *Abschlussunterricht (DaM):* Die Studierenden der Nationalitätenlehrerbildung müssen am Ende des zehnwöchigen Unterrichtspraktikums eine Prüfungsstunde halten, die bei der Qualifikation des Diploms angerechnet wird.

## 2.1.2 Erzieherausbildung/Kindergärtnerinnenausbildung

Der Kursinhalt *Nationalitätenkunde I–II* dient zur Stärkung bzw. Herausbildung der ungarndeutschen Identität der Studierenden. Sie lernen die Kultur anderer Völker zu schätzen und zu tolerieren. Es wird im Kurs auch darauf Wert gelegt, wie man die kennengelernten geschichtlichen und volkskundlichen Inhalte in den Kindergärten der Minderheit den Kindern altersgemäß beibringen kann.

Das Ziel der Studieneinheit *DaM und Methodik der Vermittlung von DaM I–III* ist es, zur Ausbildung von Kindergartenpädagogen beizutragen, die im Besitz ihrer Sprachkenntnisse, die auf dem praktischen Erwerb der Nationalitätensprache auf Oberstufenniveau (C1) beruhen, imstande sind, ihre erworbenen Sprachkenntnisse in ihre pädagogische Arbeit im Kindergarten einzubeziehen und in der Praxis der Erziehung effektiv anzuwenden. Am Ende des ersten Jahres müssen die Studierenden eine *Filterprüfung in Deutsch* ablegen. *Zweisprachigkeit – Theorie und Praxis I–II.* Die Zielsetzung des Kurses: Grundlegende Kenntnisse über Zweisprachigkeit durch Auseinandersetzung mit den einschlägigen psycholinguistischen, anthropologischen und soziologischen Forschungsberichten zu vermitteln. Weiterhin ist es Ziel, den Studierenden eine methodische Vielfalt der Möglichkeiten der Zweitsprachvermittlung anzubieten und diese in kleinen Beschäftigungseinheiten ausprobieren zu lassen unter Aneignung der nötigen deutschsprachigen Instruktionen.

*Methodik der deutschsprachigen Aktivitäten im KiGa I–IV.* Im Rahmen dieses Faches werden vier Kurse angeboten: Methodik Deutsche Kinderliteratur, Methodik Musik, Methodik Natur- und Sachkunde und Methodik der deutschsprachigen Sportbeschäftigungen. Das Seminar *Methodik Deutsche Kinderliteratur* soll den Studierenden einen Einblick in die deutschsprachige Kinderliteratur gewähren. Reime, Sprüche und Märchen werden samt Methoden ihrer Vermittlung vorgestellt und angeeignet. Im Laufe ihres Kinderliteraturstudiums sollen sie ein produktives Verhältnis zu dem geschriebenen Text entwickeln und die Fähigkeit erwerben, die vom Text gebotenen kreativen Arbeitsmöglichkeiten zu erkennen und sie in ihrer erzieherischen Tätigkeit zu verwenden. Das Seminar *Methodik Musik* führt die Studierenden in die Musiktheorie in deutscher Sprache ein. Der Kursinhalt: Aufbau der zielsprachigen Musikeinheiten; Methodische Möglichkeiten der zielsprachigen Liedvermittlung; Altersspezifische Auswahlkriterien des Liedgutes; Fächerübergreifende Vermittlung von Liedern; Das Liedgut der Ungarndeutschen; Förderung der Musikwahrnehmung der Kindergartenkinder. Im Seminar *Methodik der deutschsprachigen Sportbeschäftigungen* werden die Studierenden in die deutschsprachige Sporttheorie eingeführt und eignen sich dabei die speziellen Fachbegriffe bzw. Instruktionen für Sport an. Im Rahmen des Seminars werden folgende Themen behandelt: Mittel der einsprachigen Bedeutungsvermittlung in den Sportbeschäftigungen; Förderung der Körperwahrnehmung bei Kleinkindern; Spielerisches Aufwärmen; Spielerische Möglichkeiten der Bewegungsförderung; Stationen zum Abenteuerturnen. Im Seminar *Methodik Sachkunde* werden die Studierenden in die spezielle Methodik der bilingualen Bedeutungsvermittlung eingeführt, damit sie kindgerechte und spielerische Beschäftigungen in Sach-Themen halten können. Durch die Bearbeitung möglichst vieler Themenkreise im Bereich Sachkunde wird auch gezielt auf die Erweiterung des Wortschatzes der Studierenden Wert gelegt.

Im Zuge ihrer *praktischen Ausbildung* müssen die Studierenden drei Praktika absolvieren, darunter ein zusammenhängendes, *achtwöchiges Praktikum* im letzten Semester.

Für Unterrichtszwecke haben unsere Dozentinnen und Dozenten *Lehrwerke* entwickelt, die speziell auf die Bedürfnisse unserer Studierenden abgestimmt sind. Ein Teil dieser Lehrwerke beschäftigen sich mit minderheitenspezifischen Themen. Ein weiterer Teil der Unterrichtsmaterialien widmet sich methodischen Fragen der (früh)kindlichen Zweit- bzw. Fremdsprachenvermittlung.

## Zusammenfassung

Das ungarische Schulsystem sichert den Minderheiten entsprechenden Raum, um ihre Kultur und Tradition bewahren zu können. Jedes Kind hat das Recht seine Zugehörigkeit zu einer Nationalität schon als Kindergartenkind und später auch als Schulkind mitzuerleben. Dazu bieten die Minderheitenkindergärten und Minderheitengrundschulen in Ungarn auch die Möglichkeit. Die Ausbildungsorte, wie der Lehrstuhl für Minderheiten- und Fremdsprachen der ELTE TÓK, haben im Rahmen der Minderheiten-Pädagogenausbildung außer der Vermittlung und Erweiterung von beruflichen und wissenschaftlichen Kenntnissen und Kompetenzen noch weitere Aufgaben: die Studierenden sollen auf dem Gebiet DaM außer den gewöhnlichen auch andere Kompetenzen erwerben. Sie sollen mit den Möglichkeiten der Bewahrung der örtlichen Dialekte, des örtlichen Literaturgutes sowie mit der ungarndeutschen Geschichte und Folklore vertraut gemacht werden. Die Traditionspflege soll seinen Platz im Unterrichtsgeschehen finden.

## Literatur

B/6626. számú Beszámoló a Magyarország területén élő nemzetiségek helyzetéről (2013. február — 2015. február) [Bericht Nr. B/6626 über die Lage der in Ungarn lebenden Nationalitäten. (Februar 2013–Februar 2015)]

Die 1920er Volkszählung/Az 1920-as népszámlálás: http://www.sulinet.hu/oroksegtar/data/magyarorszagi_nemzetisegek/horvatok/a_magyarorszagi_horvatok_1910_1990/pages/006_az_1920es_nepszamlalas.htm (zuletzt geprüft am 26.07.2016)

Die Ungarndeutschen zwischen den beiden Weltkriegen/A magyarországi németek a két világháború között (2016): http://www.sulinet.hu/oroksegtar/data/magyarorszagi_nemzetisegek/nemetek/nemet_nemzetiseg_magyar_hazafisag/pages/005_a_magyarorszagi_nemetek.htm (zuletzt geprüft am 26.07.2016)

Heltai, János Imre: A magyarországi cigány lakosság által beszélt nyelvek. [Die von der Roma-Bevölkerung in Ungarn gesprochenen Sprachen.] http://www.nytud.hu/pp/heltai.html (zuletzt geprüft am 21.05.2016)

Kárpát-medencei Magyar Kutatási Adatbázis/ Hungarian Research Database of Carpathian Baisin (2005): http://gis.geox.hu/nkfp/ (zuletzt geprüft am 21.05.2016)

Kocsis, Károly (2001): Az 1998. évi kisebbségi önkormányzati választások néhány etnikai földrajzi sajátossága. [Einige ethnische und geografische Besonderheiten der Minderheitenselbstverwaltungswahlen 1998.] In: Sisák, G. (Hg.): Nemzeti és etnikai kisebbségek Magyarországon a 20. század végén. [Nationale und ethnische Minderheiten in Ungarn Ende des 20. Jahrhunderts.] Budapest: Osiris Kiadó.

Központi Statisztikai Hivatal/Zentrales Statistisches Amt (2013): 2011. Évi népszámlálás. 3. Országos adatok. [Die Volkszählung v. J. 2011. 3. Landesweite Daten.] (2013) Budapest: Központi Statisztikai Hivatal.

Manherz, Károly (1998): Die Ungarndeutschen. Budapest: Útmutató. http://www.sulinet.hu/oroksegtar/data/magyarorszagi_nemzetisegek/altalanos/valtozo_vilag_sorozat/die_ungarndeutschen/ (zuletzt geprüft am 21.05.2016)

Márkus, Éva (2015): Magyarországi német nyelvjárások az általános iskolai német nemzetiségi oktatásban. [Ungarndeutsche Mundarten im Nationalitätenunterricht in der Grundschule.] In: Major, É./Tóth, E. (Hg.): Szakpedadógiai Körkép II. Idegennyelv-pedagógiai tanulmányok. [Fachdidaktisches Rundbild II. Fremdsprachendidaktische Studien.] Budapest: Eötvös Loránd Tudományegyetem, (= Bölcsészet- és Művészetpedagógiai Kiadványok 3), S. 96–115. http://metodika.btk.elte.hu/file/TAMOP_BTK_BMK_3.pdf (zuletzt geprüft am 21.05.2016)

Müller, Márta (2010): Die Situation des Schulwesens für die deutsche Minderheit in Ungarn. Vom Kindergarten bis zur Schule. In: Kostrzewa, F./V. Rada, R. (Hg.): Deutsch als Fremd- und Minderheitensprache in Ungarn: Historische Entwicklung, aktuelle Tendenzen und Zukunftsperspektiven. Baltmannsweiler: Schneider Hohengehren, S. 96–117.

Nationalitätengesetz CLXXIX./2011/ 2011. évi CLXXIX. törvény a nemzetiségek jogairól. [Gesetz CLXXIX/2011 über die Rechte der Nationalitäten.] http://net.jogtar.hu/jr/gen/hjegy_doc.cgi?docid=A1100179.TV (zuletzt geprüft am 11.05.2016). In deutscher Sprache: www.ldu.hu/attachments/file/51028c92ce 468a039e000050(zuletzt geprüft am 09.05.2016)

Pesti Hírlap (1939): Az ezeréves Magyarország [Das tausendjährige Ungarn] Budapest. 11611166. Pp. http://www.bibl.u-szeged.hu/ha/gazd/stat/ezerev39.html (zuletzt geprüft am 20.05.2016)

Póczik, Szilveszter (1999): Cigányok és idegenek. Társadalmi és kriminológiai tanulmányok. [Roma und Fremde. Soziale und kriminologische Studien.] Miskolc: Felsőmagyarország Kiadó. http://www.sulinet.hu/oroksegtar/data/magyarorszagi_nemzetisegek/romak/ciganyok_es_idegenek/pages/000_konyveszeti_adatok.htm (zuletzt geprüft am 21.05.2016)

Szakály, Ferenc (1991): Szerbek Magyarországon – szerbek a magyar történelemben. [Serben in Ungarn – Serben in der ungarischen Geschichte.] In: Zombori, I. (Hg.): A szerbek Magyarországon. [Die Serben in Ungarn.] Szeged: Móra Ferenc Múzeum. http://www.sulinet.hu/oroksegtar/data/magyarorszagi_nemzetisegek/szerbek/a_szerbek_magyarorszagon/pages/magyar/003_szerbek.htm (zuletzt geprüft am 11.05.2016)

Tálos, Endre (2001): A cigány és a beás nyelv Magyarországon. [Die Romani und die Beasch-Sprache in Ungarn.] In: Kovalcsik, K. (Hg.): Tanulmányok a cigányság társadalmi helyzete és kultúrája köréből. [Studien zur sozialen Lage und Kultur der Roma.] Budapest: IFA-OM-ELTE. (= Tanítók Kiskönyvtára 9).

**Weiterführende Internetquellen**

diverse Karten:

http://gis.geox.hu/nkfp/dolgok/terkeptar/ENKI_Mo_cigany.jpg (zuletzt geprüft am 10.05.2016);

http://gis.geox.hu/nkfp/dolgok/terkeptar/ENKI_Mo_horvat.jpg (zuletzt geprüft am 10.05.2016);

http://gis.geox.hu/nkfp/dolgok/terkeptar/ENKI_Mo_nemet.jpg (zuletzt geprüft am 10.05.2016);

http://gis.geox.hu/nkfp/dolgok/terkeptar/ENKI_Mo_szlovak.jpg (zuletzt geprüft am 10.05.2016);

http://www.ksh.hu/docs/hun/xftp/idoszaki/nepsz2011/nepsz_orsz_2011.pdf (zuletzt geprüft am 10.05.2016)

Teréz Radvai

Eötvös Loránd Universität Budapest (Ungarn)

# Das „ungarn(deutsche)" Schulwesen und die praktische Ausbildung von Minderheitenpädagogen an der ELTE TÓK Budapest

*The article briefly presents the Hungarian education system and explains the role of teachers of the Hungarian-German minority and the different types of classes. It focuses on the practical training offered by the Department of German of the Chair of Foreign and Minority Languages at the Eötvös Loránd Universität (ELTE TÓK) in Budapest. The chair includes language teaching for the primary level, primary school teaching for minority schools and kindergarten teaching for the German minority in Hungary. Internships are an important part of the entire study period, both qualitatively and quantitatively.*

## 0. Einleitung

Mit diesem Konferenzbandbeitrag möchte die Autorin in erster Linie an den Projektschwerpunkt „Umgang mit (Sprach)Minderheiten" anknüpfen. In Ungarn verfügt die ungarndeutsche Minderheit über eine besondere Bedeutung, was die Bewahrung der Nationalitätensprache und -kultur anbelangt. Die Minderheitensprache als Bestandteil der schulischen Ausbildung kann schon auf eine lange Vergangenheit zurückblicken, wie es in anderen Beiträgen in diesem Band geschildert wird. Dadurch gewann die interkulturelle Bildung in den Bildungsinstitutionen der Minderheit einen unumstritten hohen Stellenwert.

Zunächst wird das ungarische Bildungssystem und damit einhergehend die Rolle der Lehrenden für die ungarndeutsche Minderheit dargestellt. Ein besonderer Fokus liegt auf der praktischen Ausbildung von Minderheitenpädagogen an der ELTE TÓK Budapest. Diese umfasst sowohl das Studium für Lehrende als auch für Kindergärtnerinnen. Für alle bedeuten Praktika eine grundlegende Qualifikation, die abschließend vorgestellt werden.

## 1. Geschichtliches

Das ungarische Schulwesen entwickelte sich im Rahmen der europäischen Kulturgeschichte. Es war in der ersten Hälfte des 20. Jahrhunderts dem Schulsystem in Österreich ganz ähnlich, da es in der Österreich-Ungarischen Monarchie entstand. Nach dem ersten Volksbildungsgesetz aus dem Jahre 1868 wurde die allgemeine Schulpflicht eingeführt, d.h. man errichtete die ersten Volksschulen. 1883 erschien das Gesetz über die höheren Schulen, demzufolge die früheren, konfessionellen Schulen umgeformt wurden. Die Berufsausbildung begann dann in den 1870er und 1880er Jahren, wobei die Vorbilder immer noch Deutschland und Österreich waren (Rébay/Kozma 2016).

Nach dem Ende des ersten Weltkrieges, zur Zeit der Entstehung der Nationalstaaten in Mitteleuropa, war das Bildungsnetz ungleichmäßig, aber das Bildungswesen blieb auf dem Gebiet der ehemaligen Monarchie einheitlich. Der Analphabetismus verschwand zwischen 1918–1939 in der Zwischenkriegsperiode und damit wurde die Situation der Landschulen stabilisiert. Die Fortsetzung der 6-jährigen Elementarschulen waren die 8-jährigen Gymnasien oder Realschulen und die 4-jährigen Bürgerschulen. Laut dem Gesetz von 1928 und 1940 erfolgte die Erweiterung der Elementarschulen in 8-jährige Institutionen. Aus den höheren Gewerbe- und Handelsschulen wurden die Vorläufer der späteren praktischen Schulen, die Fachmittelschulen entwickelt (Rébay/Kozma 2016).

Nach dem zweiten Weltkrieg übernahm das ungarische Schulsystem grundlegende Elemente des sowjetischen Schulwesens. Das eine war die Struktur mit zwölf Jahrgangsstufen, jedoch war es in Ungarn im Gegensatz zum sowjetischen Gesamtschulsystem gegliedert: der achtjährigen Grundschule folgte eine drei- oder vierjährige weiterführende Schule. Das andere übernommene Element war das Notensystem von 1 bis 5, bei dem die Eins die schlechteste Note war. Dieses Notensystem gilt bis heute in allen Schulstufen.

Alle Kinder mussten in der kommunistischen Ära ab der 5. Klasse der Grundschule an Russischunterricht teilnehmen. Dies hatte zur Folge, dass viele Sprachlehrende in den 50er Jahren zu Russischlehrende umgeschult wurden. Russisch als Pflichtfach verschwand nach 1989 aus dem Lehrplan, d.h. es konnten in den Schulen auch andere Fremdsprachen gewählt werden. Das führte wieder dazu, dass Russischlehrende meist zu Deutsch- oder Englischlehrende umgeschult wurden. Das Schulsystem wurde umgestaltet: die Klassen 5–8 der Grundschule („Oberstufe") ähnelten immer mehr den Haupt- und Realschulen im deutschsprachigen Raum. Neben den vierjährigen, sechs- und achtjährigen Gymnasien gibt es bis heute „Fachmittelschulen" (Fachoberschulen/ Fachgymnasien), in denen man neben der Mittelschulreifeprüfung (Abitur/ Matura) auch einen Beruf erlernen kann. Wenn diese Ausbildungsform um ein Jahr ergänzt wird, um Fachkenntnisse zu vertiefen, nennt man die Einrichtung „Technikum". Es gibt auch berufsbildende

Schulen ohne Mittelschulreife. Man besucht diese, wenn man eine Lehre machen will.

Die Anzahl der zweisprachigen Mittelschulen wächst im ganzen Land kontinuierlich. Es gibt immer mehr bilinguale Gymnasien: Landesweit insgesamt 360 zweisprachige Bildungsinstitute (vgl. Oktatási hivatal 2016).

## 2. Die Stufen des ungarischen Schulwesens

### 2.1 Die einzelnen Stufen des ungarischen Schulwesens

#### 2.1.1 Die Erziehung in den Kindertagesstätten (ISCED[1] 0)

Zum Vorschulbereich gehören in Ungarn die Kinderkrippen und die Kindergärten. In den Kinderkrippen erfolgt die Betreuung der Kinder von 20 Wochen bis zum 3. Lebensjahr. Der Kindergarten ist die erste Stufe des Schulsystems von 3 bis 6 Jahren (ab 2016 mit 3 Jahren Kindergarten-Pflicht). Das letzte Jahr ist das „Vorschuljahr": die Kinder werden mit höchstens vier Stunden pro Tag auf die Anforderungen der Schule vorbereitet. Der Anteil des Besuchs einer Kindertagesstätte in der Altersgruppe 3–5 Jahre beträgt 86,5 % (vgl. Ungarisches Bildungsministerium 2016).

#### 2.1.2 „Allgemeine Schule" bzw. Grundschule (ISCED 1 + 2)

Die wichtigste Bildungseinrichtung ist die achtjährige Allgemeine- bzw. Grundschule. Sie hat zum Ziel, Grundkenntnisse wie Schreiben, Lesen, mathematische Grundbegriffe, Kommunikationskompetenz usw., zu vermitteln. Sie besteht aus Unter- und Oberstufe. Die Unterstufe (Klasse 1–4) ähnelt der deutschen Grundschule. Hier wird die Klasse meistens von einer Klassenlehrerin/ einem Klassenlehrer unterrichtet. Die Oberstufe (Klasse 5–8) ist der deutschen Mittelstufe ähnlich.

#### 2.1.3 Oberschulbildung (ISCED 2 + 3)

Nach der achten Klasse der Grundschule besteht die Möglichkeit in Gymnasien, in Berufsmittelschulen/ Fachgymnasien und in Fachschulen weiter zu lernen. Dazu muss man entsprechende Anträge stellen und Aufnahmeverfahren durchlaufen. Nach den obersten Jahrgängen des Gymnasiums oder der Fachoberschule/ Fachgymnasium können die Schülerinnen und Schüler das Zentralabitur ablegen. Das ist die Vorbedingung für das Weiterlernen an einer Hochschulbildungseinrichtung. Die Fachoberschulen stellen Fachbefähigungszeugnisse aus. Einige

---

1    Siehe: ISCED Levels. International Standard Classification of Education (ISCED) 2011. UNESCO Institute for Statistics (2012). Section 9.

4-jährige Institutionen bieten eine „Vorbereitungsklasse" (sog. 0. Klasse) an. In diesem Jahr lernen die Schüler in erhöhter Stundenzahl eine Fremdsprache und Informatik (vgl. Ungarisches Bildungsministerium 2016).

### 2.1.4 Hochschulbildung (ISCED 2 + 3)

Hochschulbildungseinrichtungen bieten Kurse auf ihren eigenen Fachgebieten an. Unter den Hochschulbildungseinrichtungen gibt es 1.) Institutionen ohne Universitätsstufe 2.) Universitäten, 3.) akkreditierte, fachliche Weiterbildungskurse anbietende Einrichtungen.

Das Reifezeugnis ist bei allen die Vorbedingung für die Aufnahme. Bestimmte Hochschulbildungskurse müssen weiteren Kriterien entsprechen, z.b. einer gewissen Befähigung, Sprachprüfung. Als Folge des sogenannten Bologna-Prozesses entstand bis zum Jahre 2010 ein einheitliches europäisches Hochschulwesen. Die neue dreizyklische Bildungsform wurde auch in Ungarn eingeführt: die Studien wurden linear und umfassen drei Bildungszyklen: BA, MA und PhD.

*Das Diplom* hat eine Doppelfunktion: Es stellt eine wissenschaftliche und fachliche Befähigung dar. Nach 3 oder 4 erfolgreich absolvierten Studienjahren erhält man ein Hochschuldiplom (BA). Besucht man als Studentin bzw. Student eine Universität oder andere, eine Universitätsbildung bietende Einrichtungen weitere 2–3 Jahre, endet das Studium mit einem Universitätsdiplom (MA). Es besteht die Möglichkeit, auch an einer zweijährigen höheren Berufsbildung teilzunehmen. Da wird eine Oberstufenfachprüfung abgelegt und somit eine Oberstufenfachbefähigung erworben.

## 3. Allgemeine Charakteristika des ungarischen Schulsystems

Zwischen 7 und 16 Jahren besteht in Ungarn Schulpflicht. Das Vorschuljahr im Kindergarten ist obligatorisch. Der Alphabetisierungsgrad liegt bei 99,4 Prozent. Die Kinderkrippe, der Kindergarten und die Grundschule werden kostenlos für die Kinder zur Verfügung gestellt. Auch den Großteil der Kosten für den Besuch der Sekundarschulen (14.–18. Lebensjahr) und höheren Bildungseinrichtungen (ab dem 18. Lebensjahr) zahlt der Staat. Vor dem 16. Lebensjahr kann keine Berufsausbildung begonnen werden, denn die Schülerinnen und Schüler müssen bis zu diesem Alter an der Grundbildung teilnehmen.

Die offizielle Unterrichtssprache ist Ungarisch. 13 ethnische und nationale Minderheiten (u.a. deutsche, rumänische, slowenische, serbische und kroatische Minderheiten) verfügen über Bildungsanstalten der Minderheit. Sie können ihre

Muttersprache als Haupt- oder Zweitsprache im Unterricht der Grund- und Oberschulen anwenden.

Die Pflichtschulbildung ist laut Gesetz kostenlos. Privatschulen können aber ein Schulgeld festlegen. Die Aufnahme an eine Grundschule erfolgt mit einer Bescheinigung über die Schulreife. Die Schulen sind verpflichtet, „alle geeigneten und in ihrem Einzugsbereich wohnenden Kinder aufzunehmen" (Ungarisches Bildungsministerium 2016). Die Eltern haben jedoch die Möglichkeit, die Aufnahme ihres Kindes in eine beliebige Einrichtung zu beantragen. In den höheren Klassen der Oberschule kann das Kind entweder automatisch weiterlernen, oder muss dafür die von der Schule organisierte Aufnahmeprüfung erfolgreich bestehen. Die Prüfungen werden entsprechend der vom Ministerium herausgegebenen Standards zusammengestellt (vgl. Ungarisches Bildungsministerium 2016).

## 4.  Der Lehrplan

Der Regelungsrahmen wird durch eine Dreifachstruktur gewährleistet: Nationaler Grundlehrplan (1995), Rahmenlehrpläne (2000), örtliche/lokale Lehrpläne. Der Grundlehrplan („NAT") bestimmt einheitliche Anforderungen für die ersten zehn Schuljahrgänge, weil die obersten zwei Klassen, die Klassen 11–12 die Vorbereitungsklassen für das Hochschulstudium sind. Der Grundlehrplan bestimmt nicht einzelne Fächer, sondern Bildungsgebiete. In denen sind die Mindestanforderungen für die Schuljahrgänge festgelegt. Rechtlich ist der Grundlehrplan eine Regierungsverordnung, d.h. er steht als Rechtsquelle höher als die Erlasse des Bildungsministers, seine Grundsätze sind vom Parlament verabschiedet worden. Die Rahmenlehrpläne stehen für die verschiedenen Fächer. Ab dem Schuljahr 2001/2002 gelten die Anforderungen der Rahmenlehrpläne für alle Schulen und Ausbildungsinstitutionen. Grundmotiv der Rahmenlehrpläne ist die Entwicklung der Fertigkeiten und Fähigkeiten. Anhand der zentralen Beschreibung der einzelnen Fächer arbeiten dann die Schule und die lokale Lehrkörperschaft den örtlichen/lokalen Lehrplan und den Unterrichtsablauf für die einzelnen Klassen und Unterrichtsfächer aus. Die Wahl der Lehrbücher ist die Aufgabe der Lehrerarbeitsgemeinschaften der einzelnen Schulen; die Liste der Lehrbücher wird vom Ministerium bewilligt.

Die Struktur des Lehrplans ist in den oberen Jahrgängen der Oberschule je nach Schultyp, d.h. je nach Anzahl und Aufteilung der allgemeinen und Spezialfächer, unterschiedlich. Seit 1995 können die Schulen, die ihren Lehrplan abändern wollen, die Änderung beim Ministerium beantragen (vgl. Ungarisches Bildungsministerium 2016).

## 5. Die Pädagogen

Die Pädagogen der Unterstufe der Grundschulen erwerben ihre Befähigung in einer vierjährigen Hochschulausbildung (z.B. *ELTE TÓK*). Die Oberschullehrenden nehmen an einer allgemeinen vierjährigen Ausbildung auf Universitätsniveau teil. Die Pädagogen sind Angestellte im öffentlichen Dienst (vgl. Ungarisches Bildungsministerium 2016).

## 6. Bildungsstätte der Minderheiten

Die ungarnländischen Minderheiten sind assimiliert. Ihre Muttersprache wird in Familienkreisen immer seltener gebraucht. Der Staat versucht durch Institutionen die Sprache, Kultur und Identität der Minderheiten zurückzugewinnen. Die Verfassung Ungarns sagt aus: „Jeder ungarische Staatsbürger hat das Recht auf muttersprachlichen Unterricht, bzw. die Muttersprache zu erlernen" (Minderheitengesetz 1993. Nr. LXXVII und allgemeines Bildungsgesetz Nr. LXXIX). Die Minderheiten verfügen über ein ausgebautes Schulsystem. Die Bildung beginnt mit dem Kindergarten/Kindertageseinrichtungen. Es gibt muttersprachliche (die Erziehung und Beschäftigungen laufen in der Minderheitensprache) und zweisprachige Kindergärten (Muttersprache und Ungarisch). In den Grundschulen wird die Bildung in parallel existierenden Formen fortgesetzt: 1. Muttersprachlicher Unterricht: außer des Fachs Ungarische Sprache und Literatur verläuft der ganze Unterricht in der Muttersprache, in diesem Fall in (Ungarn-)Deutsch. 2. Zweisprachiger Unterricht: 50 % der Wochenstunden müssen in der Muttersprache unterrichtet werden. 3.a) Minderheitensprachunterricht, traditioneller Sprachunterricht: wöchentlich wird bei den Deutschen 5 (bei anderen Minderheiten 4) Wochenstunden die Muttersprache unterrichtet. 3.b) Bei dem erweiterten Minderheitensprachunterricht müssen mindestens drei Fächer, insgesamt 30 % der Wochenstunden in der Muttersprache verlaufen.

Bei allen drei Unterrichtsformen ist ein neuer Bildungsbereich, Volkskunde, eingebaut. Der Lehrstoff muss integriert oder als selbstständiges Fach in der Muttersprache oder auf Ungarisch vermittelt werden. Um den Anforderungen nachkommen zu können, sind die gesetzlich vorgeschriebenen wöchentlichen Stundenzahlen bei den Minderheitenschulen um 10 % erhöht worden.

## 7. Hochschulausbildung in Ungarn

In den Bildungsinstitutionen von Ungarn unterrichten Pädagogen mit einem Hochschulabschluss: in den Oberschulen/ „Mittelschulen" mit Universitätsabschluss, in den allgemeinen Schulen/ Grundschulen und Kindergärten entweder mit Universitäts- oder mit Fachhochschulabschluss. Die Ausbildung der Lehrenden für die Oberstufe der allgemeinen Schulen/Grundschulen findet auf Universitätslevel (MA) statt. Die Lehrerausbildung für den *Sekundarbereich* erfolgt in gleichen Institutionen. Die Studierenden des Lehramts müssen zwei Fächer wählen, das eine am Anfang, bei der Bewerbung (Grundfach), das zweite im dritten Semester (Minorfach). Vier Semestern Studium in der MA-Stufe folgt das halbjährige Praktikum. Nach seiner Absolvierung ist es möglich, die Lehrerbefähigungsprüfung abzulegen. Die Lehrerbildung für *die Unterstufe* bzw. die Ausbildung der Kindergartenpädagogen erfolgt an den Fachhochschulen bzw. an Universitätsfakultäten (z.b. ELTE TÓK), und enden mit einem BA-Abschluss (Rébay/Kozma 2016).

Am Lehrstuhl für Minderheiten- und Fremdsprachen der Fakultät für Erzieher- und Grundschullehrerbildung der Eötvös Loránd Universität (ELTE TÓK) Budapest in Ungarn werden DaF-Lehrende für die Grundschulklassen 1–6 und Kindergartenpädagogen sowie Grundschullehrende für die ungarischen Minderheitenkindergärten und -grundschulen ausgebildet. An der Fakultät werden in jedem Schuljahr postgraduale Kurse geleitet und Weiterbildungen für praktizierende Pädagogen gehalten, um die Ergebnisse der neuesten Forschungen unter anderem auch zum Thema Nationalitätenbildung, bilingualer Grundschulunterricht weiter zu geben. Die Nachhaltigkeit als Grundprinzip kann somit garantiert werden.

## 8. Allgemeine Charakteristika der praktischen Ausbildung an der ELTE TÓK

Im Studienplan nehmen Praktika sowohl qualitativ als auch quantitativ einen großen Stellenwert ein und betragen in der Regel ca. 18 % der gesamten Studienzeit.

Die Lehrveranstaltungen zum Praktikum werden praxisbegleitend über das gesamte Studium aufgeteilt angeboten. In den Praktika setzen die Studierenden die in den Fachdidaktiken, Fachwissenschaften und Bildungs- und Sozialwissenschaften erworbenen Kenntnisse und Kompetenzen in realen Situationen in verschiedenen Klassen der Grundschule bzw. des Kindergartens um. Sowohl in den Schul- als auch in den Kindergartenpraktika werden zentrale Kompetenzen für den Erzieher- bzw. den Lehrberuf erprobt und grundgelegt. Die eigene Erzieher- bzw. Lehrertätigkeit soll reflektiert werden. Das eigene Handlungs- bzw. Methodenrepertoire soll erweitert werden. Feste Bestandteile der Schul- und Kindergartenpraxis sind das forschende Lernen, die selbstreflektierende Besprechungen und die Portfolioarbeit. In der Praxisausbildung sollen die Studierenden den Zusammenhang zwischen den wissenschaftlichen Studieninhalten und ihrer Anwendung in der Praxis herstellen.

Am Lehrstuhl für Minderheiten- und Fremdsprachen der ELTE TÓK werden die Kurse und Praktika in der Minderheitensprache bzw. der Zielsprache geleitet. Das allgemeine Ziel der Praktika ist es, die verschiedenen Praxisphasen ins Studium zu integrieren. Die Studierenden sollen hinsichtlich ihrer Eignung für das Lehramt und für die Erziehung der Kindergartenkinder unterstützt werden. Die wichtigsten geförderten Kompetenzbereiche sind: Erziehungskompetenz, diagnostische Kompetenz, Beobachtungskompetenz, Kompetenz zur kindgerechten Planung, Vorbereitung und Gestaltung des Lern- und Erziehungsprozesses sowie die Kompetenz für Eigen- und Fremdevaluierung. Beim Praktikum werden die Studierenden von Praxislehrpersonen/ Mentoren sowie von Dozierenden aus der Fachdidaktik begleitet.

## 9. Kreditpunkte (ECTS) für das Praktikum

### 9.1 Lehrerausbildung

In der gesamten Ausbildung, in den 8 Semestern sind insgesamt 240 Kreditpunkte/Leistungspunkte (ECTS) (min. 36 Kreditpunkte) zu erwerben. Davon für das Praktikum 40 Kreditpunkte, für außerschulische Praktika 12 Kreditpunkte. Für die Lehrenden mit der Fachrichtung Minderheitenausbildung gelten 36–42 Kreditpunkte. Dies bedeutet 17,5 % der gesamten Kreditpunkte.

### 9.2 Kindergärtnerinnenausbildung

Die Ausbildungsdauer beträgt 6 Semester. Es sind insgesamt 180 Kreditpunkte/Leistungspunkte (ECTS) zu erreichen. Für das Praktikum erhalten die Studierenden min. 26 Kreditpunkte, für außerschulische Praktika min. 9 Kreditpunkte, die Lehrenden mit der Fachrichtung Nationalitätenausbildung 32 Kreditpunkte, was 17,8 % der gesamten Kreditpunkte ausmacht. Für die praktischen Kenntnisse der Nationalitätenausbildung werden min. 6 Kreditpunkte zugerechnet.

## 10. Beschreibung des Praktikums

### 10.1 Praktika für DAM-Lehrende

Die Studierenden haben ihre Praktika in der Minderheitensprache in den letzten 3 Semestern ihres Studiums. Im 6. und im 7. Semester von den insgesamt 8 Semestern verbringen sie wöchentlich einen Unterrichtstag in der Praktikumsschule. Jeder Studierende muss einmal in beiden Semestern eine Unterrichtsstunde selbständig oder mit einer Mitstudierenden in Teamteaching halten, bei allen anderen Stunden hospitieren, an der Stundenbeobachtung und -bewertung aktiv teilnehmen, zu jeder Unterrichtstunde eine Unterrichtskizze anfertigen. Zur eigenen Unterrichtstätigkeit gehört auch die Anfertigung eines Unterrichtsentwurfs. Im letzten Semester haben die Studierenden ein zehnwöchiges Praktikum mit 208 Unterrichtsstunden für 13 ECTS-Punkte. In dieser Zeit müssen sie außer der Unterrichtstätigkeit und der Hospitationsstunden in ungarischer Sprache auch noch min. 8 Stunden in den Unterrichtsfächern: DaM (deutsche Minderheitensprache und -Literatur), Sport-, Sachkunde-, Musik in der Minderheitensprache unterrichten, die Unterrichtsentwürfe – jeweils in der Minderheitensprache – erstellen, sowie eine Abschlussstunde planen und durchführen und diese im Anschluss mit der betreuenden Mentorin und der Dozentin der ELTE sowie der Schulleiterin evaluieren.

## 10.2  Kindergarten-Praktika für Erzieher der Minderheitenkindergärten

Die Erzieherinnen müssen drei Praktika absolvieren: 1.) ein einwöchiges Hospitationspraktikum im 4. Studiensemester mit einem Umfang von 20 Stunden, und mit einer „Mini-Beschäftigung"/ Angebot von 10–15 Minuten am letzten Tag des Praktikums; 2.) ein einwöchiges Praktikum im 5. Semester mit einem Umfang von 20 Stunden, mit einer ca. 20-minütigen Abschlussbeschäftigung am letzten Tag der Praktikumswoche; 3.) ein achtwöchiges Kindergartenpraktikum im 6. Semester, von dem 80 Stunden in einem Minderheitenkindergarten absolviert werden müssen.

Im letzten Praktikumsteil müssen die Studierenden 8 Beschäftigungsentwürfe in den Fachbereichen Sport, Sachkunde, Kinderliteratur und Musik erstellen, sowie eine Abschlussbeschäftigung planen und durchführen, und diese im Anschluss mit der betreuenden Kindergärtnerin, der Dozierende der *ELTE TÓK*ELTE sowie die Kindergartenleiterin/der Kindergartenleiter evaluieren. Im ersten Praktikum liegt der Schwerpunkt auf der Beobachtung und dem Kennenlernen des Kindergartenalltags. Erste, kleinere Versuche der Teilnahme am Tagesgeschehen in der Minderheitensprache sollten stattfinden. Während des zweiten Praktikums sollten sich die Studierenden aktiv (vor allem sprachlich) am Kindergartenalltag beteiligen – beim Spielen, den Beschäftigungen (Musik, Sport, Literatur, Sachkunde Themenkreise) oder den täglichen Kindergartenritualen, den pflegerischen und administrativen Arbeiten.

Im dritten Praktikum sollten die Studierenden selbständig Beschäftigungen in den verschiedenen Bereichen planen und durchführen und möglichst umfassende Erfahrungen im gesamten Spektrum der Erziehungsarbeit sammeln.

## 10.3 DaF-Praktika

Da in den Minderheitenschulen in Ungarn oft auch DaF-Lehrende als Minderheitenlehrende tätig sind, wird auch kurz ihre Ausbildung geschildert. Die Primarlehrende können aus 11 Fachbereichen eine Spezialisierung auswählen. Diese kann auch eine Fremdsprache, z.B. das Deutsche sein. Die Lehrenden sind dann berechtigt in den Klassen 1–6 der Grundschule alle Fächer in der Muttersprache zu unterrichten. Die als Spezialgebiet eine Fremdsprache hatten, werden außerdem noch berechtigt mit ihrer spezifischen Fremdsprachenlehrerausbildung die gewählte Fremdsprache in den Klassen 1–6 zu unterrichten.

Laut des Nationalen Grundlehrplans muss in Ungarn mit dem Erwerb der ersten Fremdsprache in der 4. Klasse begonnen werden. Aber es wurde auch die Richtlinie vorgegeben, dass mit dem Fremdsprachenunterricht von der ersten bis zur fünften Klasse flexibel begonnen werden kann, wenn die Schulleitung die nötigen Rahmenbedingungen zu gewährleisten hat.

Die Studierenden der Lehrerausbildung mit der Spezialisierung DaF haben insgesamt 372 Unterrichtsstunden in deutscher Sprache in den insgesamt 8 Semestern. Sie bekommen dafür 36 Kreditpunkte. Es sind davon 72 Unterrichtsstunden, die sich mit Methodik-Didaktik beschäftigen und so als Bestandteil der praktischen Ausbildung angesehen werden können.

Für das zwei Semester lange deutschsprachige Schulpraktikum bekommt man 6 Kreditpunkte.

Das Praktikum hat denselben Aufbau wie bei den Studierenden für DaM. Dem zehnwöchigen Praktikum mit 208 Unterrichtsstunden im letzten Semester werden 13 ECTS-Punkte zugeordnet. In diesem letzten Praktikum haben die zukünftigen Lehrenden die Aufgabe DaF-Stunden zu halten, die Unterrichtsentwürfe anzufertigen. In welchem Fach die Abschlussunterrichtsstunde gehalten werden muss, wird vor dem Praktikum entschieden. Falls DaF ausgewählt wird, fertigt der Studierende den Stundenentwurf auf Deutsch an, unterrichtet in der Zielsprache und die Unterrichtsbesprechung erfolgt auch auf Deutsch mit der Mentorin/dem Mentor, der Universitätsdozentin/dem Universitätsdozenten und der Institutsleiterin/dem Institutsleiter.

## 11. Zusammenfassung

Das ungarische Schulsystem sichert den Minderheiten die entsprechende Gelegenheit, um ihre eigene Kultur und Tradition bewahren zu können und um ihre Sprache lebendig erhalten zu können. Die Minderheitenkindergärten und Minderheitengrundschulen in Ungarn sind Schauplätze der Kulturbewahrung, der Spracherweiterung. Die Pädagogen dieser Institutionen haben eine zusammengesetzte Aufgabe: sie sind einerseits Fachleute für das Erziehen und Lehren. Sie verfügen über eine professionelle Methodenkompetenz und über hohe pädagogisch-psychologische und diagnostische Kompetenzen. Andererseits sind für einen DaM-Erzieher und -Lehrer die sprachliche Handlungskompetenz in der Minderheitensprache und die landeskundlich-interkulturelle Kompetenz bezüglich des Kulturerbes der Minderheit unerlässlich. In den Seminaren und Vorlesungen ihrer Studienzeit sollen deshalb die Studierenden mit der Bewahrungsmöglichkeiten der örtlichen Dialekte, des örtlichen Literaturgutes, mit der ungarndeutschen Geschichte vertraut gemacht werden. Die Traditionspflege soll seinen Platz auch im späteren alltäglichen Unterrichtsgeschehen finden. In der Bildungsarbeit unseres Lehrstuhls wird es deswegen für besonders wichtig erachtet die Theorie und Praxis eng miteinander zu verbinden.

## Literatur

Minderheitengesetz 1993. Nr. LXXVII und allgemeines Bildungsgesetz Nr. LXXIX.

Oktatási hivatal (2016): Homepage des ungarischen Bildungsamtes. http://www.kir.hu (zuletzt geprüft am 07.03.2016)

Rébay, Magdolna/ Kozma, Tamás: Ungarn. http://dragon.unideb.hu/~nevtud/Oktdolg/Kozma_Tamas/doc/izelito/ungarn.pdf (zuletzt geprüft am 07.03.2016)

ISCED Levels. International Standard Classification of Education (ISCED) 2011. UNESCO Institute for Statistics (2012). Section 9. http://dx.doi.org/10.15220/2012/ins/10/sect.9 (zuletzt geprüft am 09.03.2016) http://www.uis.unesco.org/Library/Extra%20Documents%20for%20Document%20Library/isced-2011-section-9-en.pdf (zuletzt geprüft am 09.03.2016) http://www.uis.unesco.org/Library/Pages/DocumentMorePage.aspx?docIdValue=702&docIdFld=ID&SPSLanguage=EN#sthash.mK3Vhem7.dpuf (zuletzt geprüft am 09.03.2016)

Ungarisches Bildungsministerium/ Ministerium für Humanressourcen (2016) http://www.nefmi.gov.hu/nemzetkozi-kapcsolatok/das-ungarische/das-ungarische (zuletzt geprüft am 07.03.2016)

## Weiterführende Links

Homepage der ELTE TÓK: http://old.tok.elte.hu/to/(zuletzt geprüft am 07.03.2016)

Homepage des Lehrstuhls für Minderheiten- und Fremdsprachen der ELTE TÓK http://www.idegennyelvi.moonfruit.com/ (zuletzt geprüft am 07.03.2016)

# Minderheiten im Donauraum

Nicole Horáková

Universität Ostrava (Tschechische Republik)

# Die Rolle der Roma-Minderheit in der Tschechischen Republik: Ihre Wahrnehmung durch die Mehrheitsbevölkerung und die Medien

*Between 15,000 and 300,000 Roma live in the Czech Republic today. Historically, they were always marginalized, considered 'foreigners' and attributed a low societal status. This situation remains much the same today. The article describes the current situation of the Roma minority in the Czech Republic and the way mass media portray them as scapegoats. It presents an overview of research by various scholars about the contemporary situation of the Roma.*

## 1. Einleitung

Wie viele Roma tatsächlich in der Tschechischen Republik leben, lässt sich nicht genau bestimmen. Nach Angaben des Tschechischen Statistischen Amtes (ČSÚ) gaben bei der letzten Volkszählung 2011 offiziell 5.135 Personen an, der Minderheit der Roma anzugehören (Tschechisch Statiches Amt 2013). Die tatsächliche Zahl dürfte weit darüber liegen: Experten schätzen, dass zwischen 150.000 und 300.000 Roma in der Tschechischen Republik, überwiegend in Nordmähren (besonders in Ostrava und Karvina), in Nordböhmen (Děčín und Ústí nad Labem) sowie in den Großstädten Prag und Brünn leben (Úřad vlády České republiky 2013).

Das Zusammenleben zwischen der Roma-Minderheit und der tschechischen Mehrheitsbevölkerung ist – wie in vielen anderen europäischen Staaten auch – nicht frei von Spannungen und geprägt von Vorurteilen, Diskriminierung und Unwissenheit. Die Historikerin Nina Pavelková weist darauf hin, dass die in der Tschechischen Republik lebenden Roma-Gruppen keineswegs homogen seien, sondern sich hinsichtlich kulturellen Traditionen, Sprache und sozialem Status innerhalb der Roma-Community unterscheiden (Pavelčíková 2014: 101).

## 2. Kurzer historischer Exkurs: Roma in Böhmen und Mähren

Die ersten Rom-Gruppen tauchten in Mähren gegen Ende des 17. Jahrhunderts auf und wanderten aus Südosteuropa über den Balkan und das Königreich

Ungarn ein. Als Fremde, die blieben, hatten sie von Anbeginn an eine marginalisierte Position innerhalb der Gesellschaft. Bogdal (2011: 44) merkt an, dass „die Romgruppen in einer von tiefen Umbrüchen gekennzeichneten Übergangsepoche nach Europa gelangen." Hierzu gehört vor allen Dingen in den Staaten an der Schwelle zur Moderne die Entwicklung des territorialen Denkens und die damit verbundenen administrativen Kontrollstrukturen, in denen Herkunft, Geburtsort und Besitz neue Formen der „Identität" bildeten. Dieser Vorstellung von Kontrolle und Identitätspraktiken widerspricht die teilweise nomadische Lebensweise der Roma, die sich im geordneten Raum frei bewegen. „Als Deterritorialisierte sind sie für jene, die durch enges Territorialdenken geprägt sind, der Prototyp des „Anderen", dessen Erscheinen schon in der Frühen Neuzeit ungehemmte Ausgrenzungs- und Vernichtungsphantasien auslöst." (Bogdan 2011: 47). Die Rom-Gruppen in Mähren und Schlesien siedelten sich zum größten Teil fest an, und bestritten ihren Lebensunterhalt mit verschiedenen Handwerken (Kesselflickerei, Schmiederei), Pferdehandel oder Musizieren. Nur rund 10 % der nach Mähren und Schlesien eingewanderten Roma hatten keinen festen Wohnsitz, sondern zogen in Wagen umher (Pavelčíková 2014: 101). Die Kontakte mit der Mehrheitsbevölkerung beschränkten sich auf ein Minimum (meist waren es Handels- oder Geschäftsbeziehungen) und auch der rechtliche Status der Rom-Gruppen war äußerst unsicher: immer wieder gab es Versuche, die Roma aus den Böhmischen Ländern zu vertreiben und sie als Vogelfreie und Geächtete mit Gewalt aus der Gesellschaft herauszudrängen.[1]

Das 20. Jahrhundert brachte radikale Veränderungen für die Rom-Gruppen in Mähren, Schlesien, aber auch in Böhmen: die sich ausbreitende Industrialisierung raubte vielen Roma-Familien ihre Lebensgrundlage, da die von ihnen angebotenen handwerklichen Produkte schneller und günstiger industriell hergestellt werden konnten. Diese Entwicklung kam überwiegend zwischen dem I. und II. Weltkrieg zum Tragen, als viele Roma gezwungen waren, sich Tätigkeiten in der Landwirtschaft oder auf staatlichen Baustellen zu suchen, um ihren Lebensunterhalt bestreiten zu können. Eine weitere dramatische Wendung stellt die Besetzung der Tschechoslowakei und die Errichtung des Protektorats Böhmen und Mähren durch das nationalsozialistische Deutsche Reich dar. Fast die gesamte

---

1 Ein Dekret Leopolds I. aus dem Jahre 1688 verfügte die Ausweisung der Rom-Gruppen aus den Böhmischen Ländern, allerdings ohne nachhaltige Erfolge. Weitere Dekrete erließen Josef I. und Karl VI. (1721). Erst unter Maria Theresia und Josef II kam es zu Assimilierungsversuchen, die jedoch keine große Wirkung hatten. Ein wichtiges Ergebnis dieser Assimilierungspolitik ist die Ansiedlung von Roma in sog. „Zigeuner"-Siedlungen in der Nähe von Dörfern oder Städten, in denen die Mehrheitsbevölkerung lebte.

Romabevölkerung in Böhmen und Mähren fiel dem Holocaust zum Opfer und kam in den Konzentrationslagern ums Leben.

Nach 1945 kam es zur Migration von Roma aus der Slowakei, die dort unter äußerst schlechten Bedingungen in „Zigeuner"-Siedlungen lebten und größtenteils ohne Schul- und Berufsausbildung waren, in die großen Industriestädte, wie Ostrava oder Most, aber es kam auch zu Ansiedlungen von großen Roma-Gruppen in den Grenzgebieten (ehemalige Sudetengebiete). Durch die Vertreibung der deutschen Bevölkerung aus diesen Gebieten waren weite Landstriche entvölkert und es stand genügend freier Wohnraum in landwirtschaftlich geprägten, aber ansonsten strukturschwachen Regionen zur Verfügung. Die kommunistische Regierung, die von 1948 bis 1989 in der Tschechoslowakei an der Macht war, versuchte durch verschiedene Gesetze die traditionelle Lebensweise der Roma zu unterbinden und weitestgehend zu zerstören (Pavelčíková 2014: 102). Hierzu gehörte die allgemeine Arbeitspflicht (dieses Gesetz betraf nicht nur die Rom-Gruppen, sondern galt für die gesamte Bevölkerung): Personen, die keine Arbeitsstelle nachweisen konnten, machten sich vor dem Gesetz strafbar. Gerade die nach dem II. Weltkrieg wachsenden Industriegebiete in der Tschechoslowakei, wie z.b. das Ostrauer Gebiet, das vom Kohlebergbau und der Schwerindustrie geprägt war, verlangte ständig neue Arbeitskräfte, häufig für manuelle und unqualifizierte Arbeiten. Die mangelnden Unterbringungsmöglichkeiten für die aus der Slowakei einwandernden Rom-Gruppen stellten die verantwortlichen Ämter vor Probleme und führte dazu, dass die Roma häufig in abrissreifen Häusern und in ehemaligen, bereits heruntergekommenen Bergarbeiterkolonien aus dem vorigen Jahrhundert angesiedelt wurden, was wiederum zu Ghettobildung und den damit verbundenen Problemen führte. 1958 verbot die kommunistische Regierung per Gesetz den Rom-Gruppen das Umherziehen und schränkte ihre Bewegungsfreiheit insgesamt ein. Der weiteren Ghettobildung sollte mit einem Gesetz 1965 vorgebeugt werden, das die Auflösung der Wohngebiete mit „nicht erwünschter Konzentration von Bewohnern mit Zigeuner-Ursprung" (Pavelčíková 2014: 102) anordnete. Dieses Gesetzes konnte jedoch in den Industriestädten nicht umgesetzt werden, da es einfach an geeignetem Wohnraum für die Roma-Familien mangelte. Auch wenn die kommunistische Regierung sich bemühte, den Analphabetismus unter den Roma zu beseitigen, war sie nicht daran interessiert, den Roma einen gleichberechtigten Zugang zum Bildungssystem zu verschaffen, da die Roma als ungelernte Arbeitskräfte in den großen Staatsbetrieben eingesetzt wurden. Ein Großteil der Roma wurde in sog. Sonderschulen für Geistig-, Körper und Lernbehinderte unterrichtet oder beendete den Schulbesuch in den unteren Klassen der Volksschule.

## 3. Situation der Roma-Minderheit heute

Mit dem Sturz des kommunistischen Regimes 1989, der Einführung der Markt-
wirtschaft und den damit verbundenen Veränderungen auf dem Arbeitsmarkt
änderte sich die Situation für die meisten Roma-Familien erneut grundlegend:
für ungelernte Arbeitskräfte gab es in den meisten Betrieben keine Verwendung
mehr, die Arbeitslosigkeit unter den Roma stieg überproportional im Vergleich
zur Mehrheitsbevölkerung an, wodurch gleichzeitig auch die Abhängigkeit von
staatlichen Sozialleistungen anwuchs. Die Arbeitslosenquote im Jahre 2012 lag für
Roma republikweit bei 39 % (Arbeitslosenquote in der Tschechischen Republik
in diesem Zeitraum insgesamt 8 %), wobei die Arbeitslosigkeit bei Frauen mit
48 % deutlich höher lag als bei männlichen Angehörigen der Roma Minderheit (33 %). Als alarmierend muss die Arbeitslosigkeit bei jugendlichen Roma
zwischen 15 und 25 bezeichnet werden: in dieser Altersgruppe sind 66 % ohne
Job, davon verfügen 71 % über keinerlei Arbeitserfahrungen. Dramatisch ist die
Situation auch in sozialen Brennpunkten mit überwiegender Roma-Bevölkerung:
hier beträgt die Arbeitslosigkeit 70–100 % (Úřad vlády 2013: 10). Hohe Arbeitslosigkeit, geringere Schulbildung, die Abhängigkeit von staatlichen Sozialleistungen,
schlechtere Wohn- und Lebensverhältnisse sowie der Verlust von Tradition und
Kultur, führen dazu, dass die Roma-Minderheit in der Tschechischen Republik
verstärkt sozialer Exklusion ausgesetzt ist und ihr Ansehen innerhalb der Mehrheitsbevölkerung extrem niedrig ist. Eine Studie über die Situation von Roma-
Frauen in elf Mitgliedsstaaten der EU, die von der Europäischen Kommission in
Auftrag gegeben wurden, zeigt, dass die sozio-ökonomische Situation von Roma
in den Schlüsselbereichen Arbeit, Bildung, Wohnen und Gesundheit in den untersuchten Staaten nicht befriedigend ist, dass sie Diskriminierungen ausgesetzt
sind und europäische Grundrechte für sie nicht gelten (FRA 2012: 12). Über 60 %
der befragten Roma in der Tschechischen Republik gaben an, in den letzten fünf
Jahren bei der Arbeitssuche aufgrund ihrer Herkunft diskriminiert worden zu
sein. Dies ist zusammen mit Italien der höchste Wert unter den elf untersuchten
Staaten (FRA 2012: 19). Die prekäre Situation zahlreicher Roma-Familien zeigt
die Tatsache, dass mehr als 80% der Befragten in einem Haushalt leben, der von
Armut gefährdet ist (Durchschnitt in der Tschechischen Republik für die Mehrheitsbevölkerung beträgt knapp 50 %) (FRA 2012: 24).

## 4. Wie sieht die Mehrheitsbevölkerung die Roma-Minderheit?

Wie bereits eingangs erwähnt, sind die Vorstellungen der Mehrheit über die Minderheit durch Vorurteile, Unwissenheit und Stereotype geprägt. Dass alle Roma

früher zum „fahrenden Volk" gehörten, durch kriminelle Machenschaften ihren Lebensunterhalt verdienten, kein Interesse an geregelter Arbeit und an Bildung hätten sowie ausschließlich von staatlichen Sozialleistungen lebten, gehören zu den gängigsten Stereotypen in der tschechischen Mehrheitsbevölkerung und sind leicht durch historische Tatsachen zu entkräften, wie Nina Pavelčíková schreibt (2014: 102). Dennoch ist die Haltung der Bevölkerung in der Tschechischen Republik gegenüber der Roma-Minderheit seit Jahren ablehnend. In Umfragen geben 70 % der Befragten an, eine negative Haltung gegenüber Roma zu haben. Nur rund 5 % gaben an, eine positive Beziehung zu Roma zu pflegen. Diese Werte haben sich in den vergangenen 20 Jahren nur minimal verändert, die Sichtweise der Mehrheitsbevölkerung auf die Minderheit ist und bleibt negativ. Auch Umfragen aus dem Jahre 2015 (CVVM 2015: 1–6) zeigen ähnliche Ergebnisse: 36 % der Befragten schätzen das Zusammenleben als „sehr schlecht" ein, 47 % beurteilen das Zusammenleben von Roma und Nicht-Roma als „eher schlecht", 13 % sagen „eher gut" und nur 1 % der Befragten findet das Zusammenleben „sehr gut".

Etwas positiver sind die Werte bei Personen, die konkrete Erfahrungen im nachbarschaftlichen Zusammenleben mit der Roma-Minderheit haben, auch wenn die negative Beurteilung deutlich überwiegt. Rund ein Drittel der Befragten bewerten das konkrete Zusammenleben von Roma und Nicht-Roma als „eher gut" oder „sehr gut". 2/3 der Befragten hingegen bewerten das Zusammenleben eher kritisch.

Der zeitliche Vergleich zeigt, dass sich ab dem Jahr 2012 ein Anstieg der negativen Bewertung bezüglich des Zusammenlebens von Roma und Nicht-Roma auf lokaler Ebene feststellen lässt. Das Ergebnis aus dem Jahr 2015 ist das schlechteste überhaupt. Ende der 90er Jahre des letzten Jahrhunderts und auch zu Beginn des letzten Jahrzehnts waren die Bewertungen des Zusammenlebens auf lokaler Ebene deutlich besser als in den letzten 10 Jahren. Erklärt werden kann diese Tendenz einerseits mit der allgemeinen Verschlechterung der wirtschaftlichen Situation in der Tschechischen Republik, von der vor allen Dingen die mittleren Gesellschaftsschicht betroffen waren, andererseits wird die „Sündenbockfunktion" der Roma immer wieder von Medien, aber auch der Politik geschickt genutzt, um Stimmung gegen diese Minderheit zu machen, bzw. auf Kosten der Roma die eigene (politische) Karriere voranzutreiben.

## 5.  Politik und Medien: Roma als „Sündenböcke"

Auf politischer Ebene wurden Roma zum Spielball populistischer Politiker aller politischen Richtungen. Nicht wenige politische Karrieren von tschechischen Volksvertretern begannen mit einer besonders harten und ablehnenden Haltung gegenüber Roma. Hier ist als Beispiel der ehemalige Bürgermeister der Stadt Vsetín (Mähren), Jiří Čunek, zu nennen, der in einer populistischen Aktion sechs Roma-Familien (ca. 70 Personen) aus Vsetín in das strukturschwache Gebiet Jeseník umsiedelte. Diese Familien, für die in Vsetín und Umgebung „kein Platz" mehr sei, wurden aufgrund ihrer finanziell schlechten Lage und des ihnen von Seiten der Stadtverwaltung zugeschriebenen Konfliktpotentials ausgewählt, so das Fazit einer Studie (Vomástková 2011: 17). Mit dieser harten Haltung gegenüber der Roma-Bevölkerung wurde Jiří Čunek über die Grenzen des Bezirks Vsetín hinaus bekannt und stieg als Vorsitzender der konservativen christlichen Partei KDU-ČSL, die an der Regierung von Premier Miroslav Topolánek (ODS) von Januar 2007 bis zu ihrem Rücktritt im Mai 2009 beteiligt war, zum Minister für Stadtentwicklung und Vize-Premier auf.

## 6. Das Bild der Roma in den tschechischen Medien

Nachrichten stellen eine ganz besondere Inhaltsform dar und dienen häufig dazu, für den Rezipienten Wirklichkeit zu konstruieren. Nachrichten sind keinesfalls wertneutral und gegenüber der Gesellschaft erfüllen sie laut Denis McQuail verschiedene Funktionen, wobei die Weitergabe von Informationen, also das Informieren der Bevölkerung über gewisse Ereignisse nur eine von Vielen ist. Zu den wichtigen Funktionen von Medien (hier Berichterstattungen) gehört, dass sie Ereignisse in Beziehungen setzen (*Korrelation*) und damit die bestehenden gesellschaftlichen Normen unterstützen. Gleichzeitig formt die Berichterstattung in den Medien auch eine gesellschaftliche Kontinuität, indem sie die Meinung der Mehrheitsbevölkerung ausdrücken und somit einen gesellschaftlichen Konsens herbeiführen. McQuail erwähnt in seiner Theorie noch die Funktion der Unterhaltung, aber auch die Möglichkeit der Mobilisierung der Bevölkerung durch Berichterstattung (z.B. durch Propaganda, aber auch durch die Darstellung von moralischen Werten und Haltungen gegenüber einer bestimmten Thematik) (vgl. McQuail 1999: 103).

Hinsichtlich der Beziehung zu Minderheiten präsentieren Nachrichten die Perspektive der Mehrheitsgesellschaft. Die negative Darstellung des „Anderen" funktioniert wie eine Quelle negativer mentaler Modelle, Stereotypen, Vorurteile und Vorstellungen über die Anderen. So wird indirekt Rassismus produziert (vgl. van Dijk 2002).

Die mediale Information über Minderheiten kann aber auch einen sogenannten „Neuen Rassismus" auslösen. Der sieht die Angehörigen von Minderheiten nicht als untergeordnet oder schlecht an, sondern als anders, und, auch wenn er sich um Demokratie bemüht, marginalisiert er die Mitglieder von Minderheiten und beteiligt sich so an ihrer sozialen Exkludierung ebenso wie der „alte" Rassismus.

Eine wichtige Rolle bei der negativen Wahrnehmung der Roma in der tschechischen Politik und Öffentlichkeit spielt die Berichterstattung in den tschechischen Medien. Eine Reihe von jüngeren Untersuchungen (Homoláč/Karhnová/Nekvapil 2013; Sedláková 2007) kamen zum Schluss, dass das Bild, das in verschiedenen Medien von Roma entworfen wird, sehr stark von Stereotypen geprägt ist. Im Fokus der Berichterstattung steht meist ein „problematisches" Verhalten seitens der Roma. So wird etwa „anständiges" und „schickliches" Verhalten individueller Roma hervorgehoben, womit impliziert wird, dass solche Verhaltensweisen für die Mehrheitsbevölkerung selbstverständlich seien, bei Roma jedoch eine bemerkenswerte Ausnahme darstellten (Sedláková 2007: 53–55), über die berichtet werden müsse. Eine andere Berichterstattung bieten die Medien der Roma-Minderheit, wie z.B. *Romana hangos* oder *Romana kura*. Sie konzentrieren sich eher auf positive und optimistischere Themen, wie Bildung, Kultur oder Geschichte der Roma, wohingegen die Medien der Mehrheitsbevölkerung im Zusammenhang mit Roma in ihrer Berichterstattung eher negative und pessimistische Themen, wie Kriminalität, Diskriminierung, Assimilation oder Ausreisebestrebungen in den Blick nehmen. Die Angst der Roma vor Rassismus, womit sie in der Gesellschaft häufig konfrontiert werden, spielt in den Medien der Mehrheitsbevölkerung keine Rolle, sondern wird ausschließlich in der Minderheitenpresse thematisiert (Raichová 2001: 138f.).

## 6.1 Quantitative und qualitative Untersuchungen zum Bild der Roma in tschechischen Medien

Sowohl die quantitative als auch die qualitative Untersuchung beschäftigen sich mit zwei Vorfällen aus den Jahren 2011/2012, die besonders in der tschechischen, aber auch in der ausländischen Presse, ein großes Echo hervorgerufen haben. Es handelt sich hierbei um Unruhen und Demonstrationen der Mehrheitsbevölkerung im Gebiet Šluknovsko in Nordböhmen, die durch eine Schlägerei zwischen einer Gruppe von Roma und Angehörigen der Mehrheitsbevölkerung ausgelöst wurden. Beim zweiten Fall handelte es sich um einen angeblichen Überfall von Roma auf einen sechzehnjährigen Jungen, der daraufhin ins Krankenhaus eingeliefert werden musste und mit erheblichen gesundheitlichen Folgen zu kämpfen hatte. Allerdings stellte sich heraus, dass der Junge den „Überfall" erfunden hatte, um von seiner eigenen Schuld an seinem Gesundheitszustand abzulenken. Die Mehrheitsbevölkerung reagierte auf beide Vorfälle mit Demonstrationen gegen die Roma-Minderheit, die häufig von rechtsradikalen Gruppierungen organisiert wurden und eindeutig rassistische Züge aufwiesen.

Die quantitative Untersuchung, bei der mehr als 6000 Medien-Beiträge über Roma untersucht wurden, ergab, dass sich das mediale Bild der Roma-Minderheit

überwiegend auf die Konstruktion von Roma-Kriminalität stützt (mehr als 61,9 %
der Berichte brachten Roma mit Kriminalität in Verbindung). Als Folge dieser
„Bedrohung" werden in den Medien die Verbesserung der öffentlichen Sicherheit
und schärfere Strafen gefordert. Gleichzeitig wird immer wieder das problemati-
sche Zusammenleben zwischen Mehr- und Minderheit betont. Einen nachhaltigen Einfluss auf die überwiegend negativen Tendenzen in der Berichterstattung
und damit auch auf die Informiertheit der Mehrheitsbevölkerung hat die über-
mäßige Betonung der ethnischen Zugehörigkeit in den einzelnen Nachrichten-
beiträgen. Die Autorin der Studie stellt fest, dass zahlreiche Meldungen aufgrund
ihrer Banalität nicht veröffentlicht worden wären, wäre kein Angehöriger der
Roma-Minderheit daran beteiligt (Křížková 2013: 140).

Eine qualitative Studie untersucht die Sprache und die damit zusammenhän-
genden Bilder, die in lokalen Printmedien benutzt werden, um Angehörige der
Roma-Minderheit zu charakterisieren. In den Artikeln wird oft mit Gegensatz-
paaren (Fremd-Eigen) gearbeitet und die Angehörigen der Mehrheitsgesellschaft
kommen unkommentiert zu Wort und können ihre rassistischen Äußerungen
anschließend in der Zeitung lesen. Auch Plakate mit Aufschriften wie „Zigeuner-
Ungeziefer", „Ein toter Zigeuner ist ein guter Zigeuner" werden ohne Kommentar
abgedruckt, um die Meinung der tschechischen Mehrheit zu dokumentieren (vgl.
Horáková 2014: 116–120).

## 7. Anstelle einer Schlussbetrachtung: Zur Situation der Roma in Zeiten der „Flüchtlingskrise"

Im internationalen Vergleich erwies sich die tschechische Bevölkerung in Umfragen als besonders intolerant nicht nur gegenüber ethnischen Minderheiten,
sondern auch gegenüber Angehörigen anderer Religionen, hier insbesondere Mus-
limen und Buddhisten. In der Umfrage des Eurobarometer (Eurobarometer 437
2015: 26) antworteten nur 25 % der befragten Tschechen auf die Frage, ob es für
sie in Ordnung wäre, wenn eines ihrer Kinder eine Beziehung mit einem Asiaten
hätten, uneingeschränkt mit ja. 23 % hätten nichts gegen einen Freund/Freun-
din mit schwarzer Hautfarbe und nur 11 % wären mit einem Angehörigen/einer
Angehörigen der Roma-Minderheit einverstanden. 12 % würden einen Muslim/
eine Muslima als Partner/in akzeptieren (Eurobarometer 437 2015: 38). Auch am
Arbeitsplatz herrscht weitgehend Unbehagen, was die Zusammenarbeit mit Angehörigen anderer Religionen angeht: 51 % der Tschechen hätten nichts gegen einen
buddhistischen Kollegen und 27 % hätten keine Probleme mit einem muslimischen
Mitarbeiter (Eurobarometer 437 2015: 36).

Für die Minderheit der Roma in Tschechien stellt die sogenannte „Flüchtlings-krise" und die Orientierung auf andere – religiöse und ethnische – Minderheiten eine gewisse Auszeit dar: In seinem Jahresbericht stellte der tschechische Sicher-heitsdienst fest, dass 2014 gegenüber dem Vorjahr weitaus weniger Anti-Roma-Demonstrationen stattgefunden hatten. Die registrierten Veranstaltungen waren nicht nur seltener, sondern lockten auch weniger Teilnehmer an (BIS 2014). Radi-kale rechte Gruppierungen orientierten sich jetzt eher auf Flüchtlinge, den Islam oder organisieren Demonstrationen gegen die Europäische Union, analysierte der Sicherheitsdienst in seinem Jahresbericht. Doch die Ruhe für die Roma täuscht, denn es lassen sich auch Tendenzen beobachten, dass verschiedene Minderhei-tengruppen im „Kampf" um staatliche Sozialhilfen und finanzielle Zuwendungen gegeneinander ausgespielt werden könnten und so der soziale Friede erheblich ins Wanken geraten könnte.

## Literatur

BIS (2014): Zprava o situaci v oblasti vnitřní bezpečností 2013. https://www.bis. cz/vyrocni-zprava6c8d.html?ArticleID=1096#Ochrana (zuletzt geprüft am 06.07.2016)

Bogdal, Klaus-Michael (2011): Europa erfindet die Zigeuner. Eine Geschichte von Faszination und Verachtung. Bonn: Bundeszentrale für politische Bildung.

Centrum pro výzkum veřejného mínění (CVVM) (2015): Romové a soužití s nimi ocima ceské verejnosti – duben 2015 [Roma und das Zusammenleben mit ih-nen aus dem Bickwinkel der tschechischen Öffentlichkeit]. http://cvvm.soc.cas. cz/vztahy-a-zivotni-postoje/romove-a-souziti-s-nimi-ocima-ceske-verejnosti-duben-2015 (zuletzt geprüft am 07.07.2016)

European Union Agency for Fundamental Rights (FRA) (2014): Roma survey – data in focus. Luxembourg: Publications office of European Union.

Homoláč, Jiří/Karhonová, Kamila/Nekvapil, Jiří (Hg.): Obraz Romů v středoevropských masmédií po roce 1989 [Das Bild der Roma in den mit-teleuropäischen Massenmedien nach 1989]. http://ulug.ff.cuni.cz/projekt/ romove (zuletzt geprüft am 07.07.2016)

Horáková, Nicole (2014): „Sozialschwache", „blutrünstige Meute" „Zigeuner-Phänomen": Zur rassistischen Darstellung von Roma in tschechischen Medien analysiert an zwei aktuellen Fällen. In: Schär, Bernhard C., Ziegler, Béatrice (Hg.) Antiziganismus in der Schweiz und in Europa. Geschichte, Kontinuität und Reflexionen. Zürich: Chronos, S. 111–122.

Křížková, Martina (2013): Analýza mediálního zobrazení Romů v českých mé-diích od začátku července 2011 do konce května 2012 [Analyse der media-len Erscheinungsbildes von Roma in den tschechischen Medien von Anfang

Juli 2011 bis Ende Mai 2012]. www.socialni-zaclenovani.cz (zuletzt geprüft am 06.07.2016)

McQuail, Denis (1999): Úvod do teorie masové komunikace [Einführung in die Theorie der Massenkommunikation]. Prag: Portal.

Pavelčíková, Nina (1999): Romské obyvatelstvo na Ostravsku (1945–1975) [Roma-Bevölkerung im Ostrauer Gebiet (1945–1975)]. Ostrava: Filozofická fakulta Ostravské univerzity.

Pavelčíková, Nina (2004): Romové v českých zemích v letech 1945–1989 [Roma in den tschechischen Ländern in den Jahren 1945–1989]. Praha: Úřád pro dokumentaci a vyšetřování zločinů komunizmu.

Pavelčíková, Nina (2014): Romové v oblastí Slezska a Severní Moravy. [Roma auf dem Gebiet von Schlesien und Nordmähren]. http://www.moderni-dejiny. cz/clanek/romove-v-oblasti-slezska-a-severni-moravy/ (zuletzt geprüft am: 7.7.2016)

Raichová, Irena (2001): Romové a nacionalismus [Roma und Nationalismus]. Brno: Masarykova univerzita.

Sedláková, Renata (2007): Obraz Romů v televizním zpravodajství – příklad mediální konstrukce reality [Das Bild der Roma in den Fernsehnachrichten – Beispiel von medialer Konstruktion der Realität]. Brno: doktorská práce [Doktorarbeit].

Special Eurobarometer 437 (2015): Dicrimination in the EU in 2015. http:// ec.europa.eu/public_opinion/index_en.htm (zuletzt geprüft am 06.07.2016)

STEM (2011): Vztah české veřejnosti k Romům [Beziehung der tschechischen Öffentlichkeit zu der Gruppe der Roma] https://www.stem.cz/vztah-ceske-verejnosti-k-romum-1844/ (zuletzt geprüft am 07.07.2016)

Úřad vlády České republiky (2013): Zpráva o stavu romské menšiny v Česke republice za rok 2012 [Jahresbericht über die Situation der Roma-Minderheit in der Tschechischen Republik für das Jahr 2012]. Prag: Úřad vlády České republiky.

van Dijk, Teun A. (2002): Discourse and racism. In: Goldberg, D./Solomos, J. (Hg.) The Blackwell Companion to Racial and Ethnic Studies. Oxford: Blackwell, S. 145–159.

Vomastková, Klara (2011): Vystěhování Romů ze Vsetína na Jesenicko a Prostějovsko: Popis a analýza dopadů vystěhování na romské rodiny, práci obecních úřadů, krajské samosprávy a NNO působících v regionu [Die Aussiedlung von Roma aus Vsetín in die Gebiete Jesenik und Prostějovsko: Beschreibung und Analyse der Ergebnisse der Aussiedlung für die Roma-Familien, die Arbeit der Gemeindeämter, der Kreisverwaltung und der Nicht-Regierungsorganisationen, die in dieser Region tätig sind]. Brno. www.socialni-zaclenovani.cz (zuletzt geprüft am 04.07.2016)

Marco Winkler

Universität Ostrava (Tschechische Republik)

# Entstehung und Konstruktion von Minderheiten in der Region Ostrava

*The article traces the history and describes the contemporary situation of two German minorities in the Moravian-Silesian region in the Czech Republic: the former German minority in Ostrava from the 19th century until 1946 and the population in the Hlučín region. It poses questions about the definition of minorities and the difference between ethnic origin, sense of belonging and identification with a nation state.*

## 1. Minderheit als Thema

Wenn es um Minderheiten in der Tschechischen Republik geht, denkt man zuerst an Sudetendeutsche oder an Roma. Dabei gab und gibt es auch weitere Minderheiten mit einer interessanten Geschichte bzw. einer wichtigen Position in der Gesellschaft. Und nicht zuletzt prägten auch weitere deutsche Minderheiten das Land. Deren Herausbildung und Situation soll hier am Beispiel der Region Ostrava im Nordosten Tschechiens – also in Nordmähren und dem tschechischen Teil von Schlesien – skizziert werden.

Ausgangspunkt ist Ostrava, die heutige Hauptstadt der mährisch-schlesischen Region – ein wichtiges kulturelles, politisches und wirtschaftliches Zentrum des Landes. Die Entwicklung der Stadt wird als Fallbeispiel für den Zusammenhang von wirtschaftlichem Aufstieg und interkultureller Entwicklung vorgestellt. Weiterhin geht es um das Hultschiner Ländchen als Beispiel für die Entstehung eines Minderheitenbewusstseins im Zusammenhang mit politischen Veränderungen, vor allem durch den Wechsel der staatlichen Zugehörigkeit eines Gebietes.

In diesem Rahmen werden vor allem Fragen aufgeworfen, die die Entstehungsweise von Minderheiten und das kulturelle Selbstverständnis betreffen, und es wird hinterfragt, wann eine Gruppe als Minderheit bezeichnet werden kann und was unter Zugehörigkeit zu einer Nationalität zu verstehen ist. Ziel des vorliegenden Beitrages ist es nicht, umfassende Antworten und Erklärungen anzubieten. Vielmehr sollen am Beispiel des beschriebenen Gebietes Probleme der Minderheiten- und Nationalitätenproblematik aufgezeigt werden, die für die weitere Forschung von Interesse sind.

## 2. Ostravas Aufstieg und die Bedeutung von Minderheiten

Eine deutsche Besiedelung der Region, insbesondere des sogenannten Kuhländchens, ist bereits seit dem 13. Jahrhundert zu verzeichnen, insbesondere in der Amtszeit des Olmützer Bischofs Bruno von Schauenburg (vgl. Vaňková 1999, Vaňková 2006a). Allerdings betraf dies nicht die Stadt Ostrava, die bis ins 18. Jh. relativ unbedeutend war; 1794 hatte Moravská Ostrava (Mährisch-Ostrau) nur 1.578 Einwohner, die Bevölkerung war hauptsächlich tschechisch.

Erst nach der Entdeckung von Steinkohlevorkommen im 18. Jh. und mit der Entstehung der Schwerindustrie, insbesondere der Stahlproduktion, wuchs die Stadt und gewann immer mehr an Bedeutung. Mit der Industrialisierung im 19. Jh. ist nicht nur ein Anstieg der Bevölkerung verbunden, sondern auch eine Veränderung der Bevölkerungsstruktur, die Entstehung von Minderheiten. Der große Bedarf an Fachkräften konnte nicht mit einer Zuwanderung aus der österreichischen Monarchie gedeckt werden, sodass es vor allem zu einem Zuzug von Deutschen und Polen kam, wie es die Entwicklung der prozentualen Bevölkerungszusammensetzung für das Ostrauer Gebiet verdeutlicht (Jiřík et al. 1993: 207, zit. nach Vaňková 2006a: 337):

|                        | 1880 | 1890 | 1900 | 1910 |
|------------------------|------|------|------|------|
| Tschechisch/Slowakisch | 74,8 | 66,3 | 55,0 | 52,2 |
| Deutsch                | 19,0 | 21,9 | 22,7 | 31,2 |
| Polnisch               | 6,2  | 11,8 | 22,3 | 16,6 |

Für das Zentrum des Gebietes, für Mährisch-Ostrau, sah die Entwicklung noch drastischer aus:

|                        | 1880   | 1890   | 1900   | 1910   |
|------------------------|--------|--------|--------|--------|
| Tschechisch/Slowakisch | 65,2   | 58,7   | 43,9   | 36,2   |
| Deutsch                | 29,1   | 28,0   | 34,6   | 47,1   |
| Polnisch               | 5,7    | 13,3   | 21,5   | 13,9   |
| Bevölkerung gesamt     | 13.448 | 19.240 | 30.116 | 36.754 |

Der große Einfluss der deutschen Bevölkerung lässt sich aber nicht allein in diesen Zahlen messen. Vor allem die soziale Position vieler Deutscher ist von Bedeutung, sie waren Eigentümer der wichtigsten Unternehmen und besetzten als Ingenieure und hochqualifizierte Facharbeiter wichtige Positionen in der Industrie. Daher erwarteten viele Unternehmen auch von tschechischen und polnischen Mitarbeitern gute Kenntnisse der deutschen Sprache.

Das hatte Auswirkungen auf das kulturelle Leben und das Bildungssystem. Vor 1918 gab es in Mährisch-Ostrau 17 Volksschulen (9 deutsche, 6 tschechische, eine polnische und eine jüdische) und 6 Bürgerschulen (4 deutsche und 2 tschechische), und als erste Mittelschule der Stadt entstand 1877 die deutsche Realschule. Die deutschen Schulen wurden auch von vielen Kindern der tschechischen Bevölkerungsgruppe besucht, denn gute Kenntnisse der deutschen Sprache waren eine wichtige Voraussetzung für die berufliche Karriere und den sozialen Aufstieg.

Die deutsche Bevölkerung prägte in dieser Zeit gemeinsam mit den anderen Bevölkerungsgruppen das kulturelle Leben der Region und trug zur Entstehung einer kulturellen Vielfalt bei. Neben dem Tschechischen Nationalhaus, das 1894 eröffnet wurde, entstand 1895 das Deutsche Haus und 1902 das Polnische Haus. Das erste Stadttheater (das heutige Antonín-Dvořák-Theater) wurde 1907 von der deutschen Minderheit erbaut. Die jüdische Gemeinde, deren Synagoge bereits 1879 eingeweiht wurde, prägte ebenfalls das kulturelle Leben und ist eng mit dem Leben der deutschen Minderheit verbunden, denn viele jüdische Bürger waren Deutsche bzw. viele deutsche Einwohner Juden. Die Zahl der jüdischen Einwohner lässt sich schwer einschätzen, denn es ist nicht nachvollziehbar, ob sie sich bei Volkszählungen als jüdisch, tschechisch, deutsch oder polnisch verstanden. Die Namen auf den heute zu findenden Stolpersteinen und auch Biographien bekannterer Ostrauer Persönlichkeiten, wie z.b. der Schriftstellerin Ilse Weber, geb. Herlinger, die in Auschwitz ermordet wurde, weisen auf eine starke Verbindung von deutscher und jüdischer Kultur hin.

In der Ersten Tschechoslowakischen Republik, ab 1918, veränderte sich die Situation etwas. Der deutsche Bevölkerungsanteil in Mährisch-Ostrau sank auf 20–25 Prozent. Das lag zum einen daran, dass in dieser Zeit kaum Deutsche zuzogen, während die Bevölkerung weiter wuchs – 1930 hatte Mährisch-Ostrau bereits 45.885 Einwohner. Auf der anderen Seite spielte die Nationalität in vielen Bereichen des täglichen Lebens eine untergeordnete Rolle – die Eltern oder Großeltern vieler Ostrauer waren Deutsche, Tschechen, Slowaken, Juden, Österreicher oder Polen. Sie selbst fühlten sich aber als Tschechen oder Tschechoslowakische Staatsbürger und gaben bei Volkszählungen nicht mehr an, zu einer Minderheit zu gehören. Die Entwicklung der Stadt hatte zu einem Zusammenleben verschiedener Kulturen geführt, die auf ihre Weise das wirtschaftliche und kulturelle Leben bereicherten. Vor allem drei Nationalitäten prägten das Zusammenleben: Tschechen, Deutsche und Polen. Während die Tschechen in der Region die Bevölkerungsmehrheit bildeten, hatte die deutsche Minderheit auf Grund der wirtschaftlichen und sozialen Position einen großen Einfluss und damit auch die deutsche Sprache eine Sonderstellung in der dreisprachigen tschechisch-deutsch-polnischen Stadt.

## 3. Das Ende der deutschen Minderheit ab 1938 und die Folgen

Mit dem Münchner Abkommen und der Zerschlagung der Tschechoslowakischen Republik veränderte sich auch das Leben in Ostrava. Die Stadt war Teil des Protektorats, Teile des Umlandes auch reichsdeutsch besetzt. Die Industrie, vor allem die Stahlproduktion wurde in die deutsche Rüstungsindustrie integriert. Juden wurden entrechtet, enteignet, deportiert, ermordet; also auch viele Deutsche. Damit verlor die Stadt eine wichtige Bevölkerungsgruppe, die sie lange geprägt hatte. Diese Diskriminierung zumindest eines Teils der deutschen Bevölkerung und die Zerstörung dieses Teils der deutschen Kultur erfolgte auf tschechischem Gebiet erst mit der deutschen Besatzung, im Unterschied zu anderen Ländern Mittel- und Südosteuropas, wie z.b. Ungarn oder Rumänien, in denen das bereits seit den 20er Jahren durch nationalistische Politik üblich war.

Nach 1945 wurde die deutsche Bevölkerung größtenteils interniert und ausgesiedelt bzw. gewaltsam vertrieben, teilweise auch ermordet. Damit verlor Ostrava innerhalb kurzer Zeit zum zweiten Mal einen prägenden Bestandteil seiner gewachsenen Kultur. Auf den ersten Blick ist vom deutschen Erbe Ostravas nichts erhalten. Auf den zweiten Blick finden sich aber auch heute noch Spuren. Zuerst ist natürlich die Herkunft vieler Bewohner der Stadt zu sehen, die einen persönlichen Bezug zu deutschen Großeltern oder Urgroßeltern haben. Und es gibt viele deutsche Spuren in der Architektur der Stadt – beispielsweise das Stadttheater, das deutsche Gymnasium (heute Rektorat der Universität), die deutsche Realschule (heute Gebäude der Philosophischen Fakultät der Universität), verschiedene ehemalige Kaufhäuser u.v.m. Deren deutsche Vergangenheit ist zwar heute im Bewusstsein der meisten Ostrauer nicht mehr präsent, aber Hinweise darauf werden immer überrascht und positiv aufgenommen. So organisierte der Lehrstuhl für Germanistik beispielsweise im Rahmen der Deutsch-tschechischen Kulturtage eine Schnitzeljagd auf den deutschen Spuren der Stadt für Gymnasien. Solche Angebote werden von Lehrenden und Lernenden sehr gut angenommen und tragen zum historischen Verständnis der Heimatstadt bei.

Dieses Einbeziehen der regionalen Geschichte in die deutsche Sprach- und Kulturarbeit ist nicht zuletzt wichtig wegen einer anderen Entwicklung: Die deutsche Sprache ist auch heute wieder sehr gefragt von der Wirtschaft. Deutschsprachige Fachkräfte werden nicht nur von deutschen Unternehmen, die in der Region aktiv sind (z.B. Siemens, Continental, Brose), gesucht, sondern auch von tschechischen Unternehmen, für die Handelsbeziehungen zu deutschsprachigen

Ländern wichtig sind, und auch von internationalen Unternehmen am Standort (z.B. Caterpillar, ArcelorMittal). So ist in den letzten Jahren ein verstärktes Interesse an deutscher Sprache und Kultur zu verzeichnen – wie schon vor über 100 Jahren aus ursprünglich wirtschaftlichen Gründen, allerdings unter anderen politischen und demographischen Bedingungen. Ein Rückblick auf die deutsche Vergangenheit der Region lohnt sich also auf jeden Fall.

Die Aussiedlung der deutschen Minderheit nach 1945 brachte auch Probleme für den neuen Tschechoslowakischen Staat, vor allem mussten fehlende Arbeitskräfte ersetzt werden. So kam es in den folgenden Jahrzehnten immer wieder zum geordneten Zuzug neuer Minderheiten. Vor allem Slowaken aus dem Süden des Landes und Angehörige der slowakischen Minderheit in Rumänien, die dort ausgewiesen wurden, kamen in die Region. Während des griechischen Bürgerkrieges flohen viele Verfolgte in die Tschechoslowakei und wurden vielerorts in den früher von Deutschen bewohnten Gebieten angesiedelt. Noch stärker war dies der Fall für Roma, die aus den südlichen Landesteilen kamen.

Eine weitere neue Minderheit entstand mit den Vertragsarbeitern, die die ČSSR aus Vietnam aufnahm. Sie wurden vor allem als Arbeitskräfte in der Leicht-, Textil- und Lebensmittelindustrie eingesetzt. In den 80er Jahren waren es teilweise 28.000, 1990 noch 10.000, und heute wohnen offiziell ca. 60.000 Vietnamesen in Tschechien, wobei es Schätzungen zufolge insgesamt ca. 100.000 sind. Sie prägen das gewerbliche Leben und sind vor allem tätig in Einzelhandel und Gastronomie. Von der Mehrheit der Bevölkerung werden sie inzwischen akzeptiert, gelten als integriert und fleißig und werden oft als Gegenbeispiel zu den Roma angeführt. Vor allem spielt der hohe Bildungsstand eine große Rolle, und nicht wenige Vietnamesen lernen Deutsch und studieren auch Germanistik.

## 4. Das Hultschiner Ländchen

Mit einer eher ungewöhnlichen deutschen Minderheit haben wir es im Hultschiner Ländchen zu tun. Diese kleine Region, in der auf 320 Quadratkilometern ca. 70.000 Einwohner leben, ist in Deutschland relativ unbekannt. Allerdings ist sie ein besonderes Beispiel für die Herausbildung von Interkulturalität und wirft Fragen nach der Bestimmung von Minderheit und kultureller Identität auf (vgl. zum Folgenden Šebestová 2014, Šebestová im Druck, Vaňková 2006b).

Das Gebiet des Hultschiner Ländchens war seit dem Mittelalter Teil unterschiedlicher Herrschaftsbereiche. Ursprünglich gehörte es zu Mähren, und die Bewohner waren Slawen, die eine mährische Mundart sprachen. Im 14. Jh. kam es zum Herzogtum Troppau (Opava), das ursprünglich auch zu Mähren gehörte, sich aber seit dem 15. Jh. zunehmend Schlesien zuwandte und dann seit dem 17. Jh.

endgültig zu Schlesien zugehörig sah. Der wichtigste Bruch erfolgte aber mit dem
1. Schlesischen Krieg zwischen Preußen und dem Habsburger Reich: Ab 1742
gehörte die Region, wie der größte Teil Schlesiens, zu Preußen. Die mährische
Bevölkerung lehnte die neue Obrigkeit ab bzw. ignorierte sie. Insbesondere stieß
die neue preußische Herrschaft auf sprachliche Probleme, da die Bewohner nicht
Deutsch sprachen und es auch nicht wollten. Seit der zweiten Hälfte des 19. Jh.
fühlten sich aber immer mehr Menschen als Preußen und dann als Deutsche.
Eine grundlegende Veränderung der Bevölkerungsstruktur durch Zuwanderung
aus dem preußischen Kernland hatte es aber nicht gegeben. Wie kam es also zu
diesem Sinneswandel?

Zu großen Veränderungen kam es durch das neue preußische Schulsystem,
das sich vom klerikal geprägten des Habsburger Reiches, in dem es vor allem um
die Vermittlung von Religion ging, unterschied. Die deutsche Sprache rückte in
den Schulen immer mehr in den Vordergrund, und ab 1873 war es die alleinige
Unterrichtssprache, denn mit der zunehmenden Germanisierung wurde Tschechisch in diesem Bereich verboten. So kam es zu einer Sprachensituation, in der die
Bewohner in der Schule und im sonstigen öffentlichen Leben Deutsch sprachen,
zu Hause aber weiterhin die alte mährische Mundart (vgl. Vaňková 2006b). Die
Muttersprache war also immer slawisch, Deutsch war nur Fremd- oder Zweitsprache. In den umliegenden Regionen wurde das oft so wahrgenommen, dass
die Bevölkerung nicht richtig Deutsch sprach, aber auch nicht richtig Tschechisch,
da man seit 1742 vom tschechischen Sprachraum abgeschnitten war, während die
tschechische Sprache sich in dieser Zeit stark veränderte.

Eine wichtige Rolle spielte aber auch die „Schule der Nation", die männlichen
Bewohner wurden im preußischen Militärdienst zur Treue gegenüber dem Staat
gedrillt, und bei vielen führte das zu einer starken Identifikation mit Preußen und
später mit dem deutschen Nationalstaat. Auch wirtschaftliche Gründe hatten eine
stärkere Hinwendung zu Deutschland zur Folge. Die Arbeit in Deutschland, z.B. in
der Landwirtschaft oder im Bauwesen, war für viele Bewohner sehr lukrativ. Der
Verdienst war deutlich höher und versprach einen höheren Lebensstandard. Für
diese Arbeit waren einerseits gute Deutschkenntnisse nötig, die man auch nach
der Rückkehr in die Heimat nicht aufgab. Andererseits brachte man auch viele
Bräuche und Gewohnheiten aus Deutschland mit, beispielsweise den Osterhasen,
den Weihnachtsbaum und die Geschenktradition zu Weihnachten.

Einen aufschlussreichen Einblick in die kulturellen Veränderungen mit der
Hinwendung zu Preußen bzw. dem Deutschen Reich gibt der Schriftsteller August
Scholtis in seinen Lebenserinnerungen „Ein Herr aus Bolatitz" (Scholtis 1959). Er
beschreibt u.a. das Nebeneinanderbestehen von deutscher und mährischer Kultur.

In traditionellen mährischen Familien hatte die Religion einen hohen Stellenwert. Zu Weihnachten ging man in die kalte Kirche, kniete und betete; an Geschenke war nicht zu denken. In Familien, die durch die Arbeit deutsch geprägt waren, versammelte man sich lieber am Weihnachtsbaum und machte sich Geschenke. Gerade für Kinder und Jugendliche werden solche Unterschiede prägend gewesen sein und Sympathien für das Deutschtum geweckt haben.

Unabhängig von diesen Einflüssen blieb die Region immer stark katholisch geprägt, und auch heute noch erinnert die Religiosität eher an das benachbarte Polen als an die weitgehend säkulare Tschechische Republik. Daran änderten auch die preußischen Einflüsse und der Kulturkampf Bismarcks nichts. Dieses Festhalten an alten religiösen Traditionen einerseits und die Begeisterung für das Preußentum andererseits sind typisch für das Nebeneinander kultureller Eigenheiten. Diese beschreibt Scholtis in seiner Autobiographie innerhalb der eigenen Familie: eine stark religiöse Mutter, die dem Jungen mährische Volkslieder vorsang und ein wilhelminisch-national gesinnter Großvater, der bei jeder Gelegenheit die Preußenhymne sang.

Waren die Bewohner des Hultschiner Ländchens nun Preußen bzw. Deutsche, oder waren sie Tschechen auf Grund ihrer mährischen Herkunft? Diese Frage wurde verwaltungstechnisch mehrfach einfach gelöst, beispielsweise mit dem Versailler Vertrag. Da die Regierung der neugegründeten Tschechoslowakischen Republik ihre Ansprüche, die vor allem mit der ethnischen Herkunft und der mährischen Sprache begründet wurden, durchsetzen konnte, wurde das Gebiet ab 1920 in den Staat eingegliedert. Dies stieß bei der Bevölkerung nicht auf Gegenliebe. Man fühlte sich ja inzwischen deutsch, und in einer privat organisierten Volksabstimmung sprachen sich 93,7 % für einen Verbleib in Deutschland aus. Dieses Votum und auch andere Proteste hatten jedoch keinen Einfluss. Das Bekenntnis zu Deutschland stand allerdings nicht im Zusammenhang mit der Zugehörigkeit zur Nationalität; bei einer Befragung im Jahre 1921 gaben 82,95 % an, dass sie Tschechen/ Mährer waren, und nur 16,30 % bezeichneten sich als Deutsche. Nicht alle Menschen fühlten sich in gleichem Maße deutsch. Deutsche und tschechische Vereine existierten ebenso wie deutschsprachige und tschechischsprachige Zeitungen. In einigen Orten gab es sogar eine tschechische und eine deutsche Feuerwehr.

Die Zugehörigkeit zur Tschechoslowakei brachte nach dem I. Weltkrieg große wirtschaftliche Probleme mit sich. Mit dem Abbruch der Verbindung zu Schlesien und dem Rest Deutschlands fielen die wichtigsten Einnahmequellen weg. Vor allem die Flachsproduktion, für die die angrenzenden deutsch-schlesischen Gebiete wichtig waren, brach zusammen, und auch ein Absatz von Produkten in Deutschland war nicht mehr so einfach. Ebenso fielen viele Arbeitsmöglichkeiten in Deutschland weg. Eine Anbindung an den nahen Großraum Ostrava war nicht einfach und gelang nur teilweise, vor allem bei bisher in Deutschland tätigen Bergleuten und Bauarbeitern. Die Region verarmte in dieser Zeit stark, was zu einer verstärkten Hinwendung zu Deutschland führte. Bei den Parlamentswahlen 1935 errangen deutsche nationalistische Parteien 73,3 % der Stimmen.

Nach dem Münchener Abkommen wurde das Gebiet 1938 reichsdeutsch besetzt und in das „Altreich" eingegliedert. Einwohner des Hultschiner Ländchens, die vor 1910 geboren wurden, und deren Nachkommen wurden zu Bürgern des Deutschen Reiches. Sie wurden als „Reichsdeutsche" angesehen, denen automatisch die Staatsbürgerschaft zustand, im Unterschied zu den Sudetendeutschen, die als „Volksdeutsche" angesehen wurden, da sie nicht im Deutschen Reich gelebt hatten. Die Mehrheit der Bewohner begrüßte diese deutsche Vereinnahmung, und viele Hultschiner hatten sich schon vorher an antitschechischen Aufständen von Sudetendeutschen beteiligt, sich also offen gegen die Tschechoslowakische Republik engagiert. Die nationalsozialistische Propaganda war auch vor der deutschen Besetzung ähnlich stark wie in den Sudetengebieten. Sie wurde zweisprachig Deutsch/Tschechisch verbreitet, um ein möglichst großes Publikum zu erreichen, auch Menschen, die nicht so gut Deutsch sprachen. Nach der Besetzung spielte dann die deutsche Sprache und Kultur eine größere Rolle. Im Zuge einer freiwilligen Germanisierung änderten auch viele Bewohner ihre tschechischen Namen und wählten deutsche Namen.

Neben den staatsbürgerlichen Rechten hatten sie aber auch die Pflichten zu tragen, was beispielsweise die Einberufung zum Reichsarbeitsdienst und zum Wehrdienst bedeutete. Für die deutsche Wehrmacht stellte das eine willkommene Bereicherung dar, da es in der Tschechoslowakei eine Wehrpflicht gab (die in Deutschland erst 1935 eingeführt wurde) und man so militärisch ausgebildete Soldaten bekam. Obwohl sie in einer feindlichen Armee ausgebildet wurden, gab es keine Zweifel an ihrer Loyalität. Das führte dann während des Krieges teilweise zu Unmut, denn die tschechischen Bewohner des nahen Protektorats mussten natürlich nicht zum Kriegsdienst, um für das deutsche Vaterland zu kämpfen und zu sterben.

Nach dem Krieg wurden die Bewohner, im Unterschied zu den Sudetendeutschen, nicht kollektiv ausgesiedelt, da sie von den tschechoslowakischen Behörden als Tschechen (im ethnischen Sinne) betrachtet wurden. Natürlich brauchte der tschechoslowakische Staat auch die Arbeitskräfte aus dem Hultschiner Ländchen, vor allem Bauarbeiter und Bergleute. Nur Personen, die nachweislich deutsch waren, kein Tschechisch konnten oder zu stark in das nationalsozialistische Regime eingebunden waren, wurden bestraft oder ausgewiesen (ca. 3000).

Heute haben die Bewohner des Hultschiner Ländchens das Recht auf die deutsche Staatsbürgerschaft, sofern sie ihre Herkunft aus dem Gebiet nachweisen können. Viele machen davon auch Gebrauch. Die Botschaft der Bundesrepublik Deutschland führt regelmäßig Konsularsprechtage im Hultschiner Ländchen durch, bei denen beispielsweise Passangelegenheiten bearbeitet werden.

Was für eine Minderheit stellte und stellt die Hultschiner Bevölkerung dar? Nach der Eroberung durch Preußen in den Schlesischen Kriegen waren sie eine mährische Minderheit in Preußen, nach dem Ersten Weltkrieg waren sie eine deutsche Minderheit in der Tschechoslowakei. Im ersten Fall war der Minderheitenstatus durch die slawische Herkunft begründet, im zweiten Fall durch die vorherige Zugehörigkeit zum Deutschen Reich und das überwiegend unfreiwillige Ausscheiden aus diesem.

Das mährische Substrat wurde durch ein preußisches Superstrat überlagert, und im Laufe der Zeit übernahm die mährische Bevölkerung die vorgegebene preußische/deutsche Kultur in vielen Bereichen. Tugenden, die sowohl zum preußisch-deutschen Selbstbild, als auch zum Fremdbild gehören, wurden übernommen und verinnerlicht; so spielen auch heute noch Ordnung und Sauberkeit, das regelmäßige Reinigen von Straßen zum Hultschiner Selbstverständnis und sind Teil der Identifikation mit dem Deutschtum. Auf diese Weise sind auch Klischees identitätsstiftend. Als Selbst- und Fremdbezeichnung ist *Prajzáci* „Preußen" üblich. Die Identifikation mit dem Deutschtum hat aber auch rückwärtsgewandte Folgen, die die reale historische Situation ignorieren bzw. politisch tendenziös sind: So fährt immer eine Delegation aus Hultschin zum Sudetendeutschen Tag, obwohl das Gebiet weder geographisch zu den Sudeten gehört noch die Bewohner in Bezug auf ihre Herkunft etwas mit den Sudetendeutschen zu tun haben. Und vereinzelt kann man auch die alte Reichskriegsflagge wehen sehen.

## 5. Was ist Nationalität wert?

Im vorliegenden Beitrag wurden zwei sehr unterschiedliche Minderheiten vorgestellt. In Ostrava entstand die deutsche Minderheit durch Zuzug. Sie profitierte einerseits vom wirtschaftlichen Aufschwung der Region, gestaltete ihn aber auch maßgeblich mit. Darüber hinaus prägte sie die Stadt kulturell und sprachlich.

Die Bevölkerung im Hultschiner Ländchen ist hingegen nicht so leicht zu beschreiben und einzuordnen. Hier wurde eine mährische Bevölkerung im Laufe der Zeit zum Deutschsein erzogen. Es wurde eine deutsche Minderheit konstruiert, die sich einerseits zum deutschen Nationalstaat bekannte, von ihrer Herkunft und ihren sprachlichen Besonderheiten her aber slawisch war. Um das zu verstehen, muss man berücksichtigen, dass Nationalstaaten im heutigen Sinne sich erst im 19. Jh. herausbildeten. Im Mittelalter spielte dieser Nationenbegriff keine Rolle, schon gar nicht in der Habsburger Monarchie. Wichtig waren eher regionale Zugehörigkeiten, für das hier vorgestellte Gebiet also mährisch oder schlesisch. Und zur Zeit des Wechsels des Gebietes zu Preußen war es weiterhin Teil des Heiligen Römischen Reiches Deutscher Nation, das bis 1806 bestand. Zu einer Identifikation mit der tschechischen nationalen Bewegung des 19.Jh. kam es auf Grund der räumlichen Trennung nicht oder nur vereinzelt. So blieb also nur der deutsche Nationalstaat neben der regionalen Identifikation mit Schlesien oder Mähren. Erst in der Ersten Tschechoslowakischen Republik wurde es möglich, eine tschechische Identität zu entwickeln, was aber wegen der äußeren politischen Umstände schwierig war.

Damit stellt sich die Frage nach dem Verständnis von Nationalität und dem Verhältnis von Nationalität und Zugehörigkeitsgefühls zu einem Nationalstaat. Sind ethnische Herkunft und Sprache wichtiger oder das Bekenntnis zu einem Staat? Verwaltungsrechtlich waren zwei Antworten für das Hultschiner Ländchen prägend. Für beide Tschechoslowakische Staaten standen Ethnie und Sprache im Vordergrund. Für das nationalsozialistische Deutschland war hingegen nur die Herkunft aus einer Region, die früher zum Deutschen Reich gehörte, entscheidend. Für einen Staat, dessen Politik extrem rassistisch war und der das Blut als mythische Grundlage des Deutschtums sah, scheint das auf den ersten Blick verwunderlich. Wenn man allerdings wirtschaftliche Interessen und Machtstreben als Triebkraft der nationalsozialistischen Expansionspolitik ansieht, ist es eher verständlich.

Anhand dieses kleinen und unbekannten Gebietes lassen sich verschiedene Fragen diskutieren: Was ist eine Minderheit? Was ist Nationalität? Wer ist deutsch? Auch die Interkulturalität, die sich durch das Aufeinandertreffen und Zusammenleben von mährischer, preußischer und teilweise polnischer Kultur herausgebildet hat, ist ein lohnendes Untersuchungsfeld.*

---

*   Zu den deutschen Minderheiten in Ostrava und im Hultschiner Ländchen gibt es relativ wenig deutschsprachige Literatur. Daher sind auch viele Hinweise aus persönlichen Gesprächen in den Text eingeflossen. Hierfür danke ich vor allem Irena Šebestova und Radovan Lakosil. Viele wichtige Informationen kamen auch aus dem Hultschiner Museum (Muzeum Hlučínska) und Gesprächen mit dortigen Mitarbeitern.

# Literatur

Jiřík, Karel et al. (1993): Dějiny Ostravy [Geschichte Ostravas]. Ostrava: Sfinga.

Korbelářová, Irena/Wawreczka, Henryk/Wludyka, Zdeněk/Žáček, Rudolf (2000): Ostrava 1880–1939. Třinec: Wart.

Scholtis, August (1959): Ein Herr aus Bolatitz. Lebenserinnerungen. München: Paul List Verlag.

Šebestová, Irena (2014): Úvod / Kulturní a literární život německy mluvícího obyvatelstva na Hlučínsku [Kultur und literarisches Leben der deutschsprachigen Bevölkerung in Hultschin]. In: Šebestová, I. (Hg.): Kulturní a literární život německy mluvícího obyvatelstva na Hlučínsku. Hlučín/Ostrava: Muzeum Hlučínska a Ostravská univerzita v Ostravě, S. 6–16.

Šebestová, Irena (im Druck): Privatunterricht – soukromé vyučování v německém jazyce na Hlučínsku v letech 1920–1938 [Privatunterricht in deutscher Sprache in Hlučín in den Jahren 1920–1938]. Erscheint in: Zeitschrift des Schlesischen Museums Opava.

Vaňková, Lenka (1999): Die frühneuhochdeutsche Kanzleisprache des Kuhländchens. Frankfurt a. M.: Peter Lang.

Vaňková, Lenka (2006a): Der deutsch-tschechische Sprachkontakt in Nordmähren-Schlesien. In: Lasatowicz, M. K./Rudolph, A./Wolf, N. R. (Hg.): Deutsch im Kontakt der Kulturen. Schlesien und andere Vergleichsregionen. Berlin: trafo verlag, S. 335–343.

Vaňková, Lenka (2006b): Die deutsche Sprache im Hultschiner Ländchen. In: Simmler, F./Tomiczek, E. (Hg.): Wrocław – Berlin. Germanistischer Brückenschlag im deutsch-polnischen Dialog. II. Kongress der Breslauer Germanistik. Band 1. Sprachwissenschaft. Deutsch im Kontakt der Kulturen. Schlesien und andere Vergleichsregionen. Wrocław/Dresden: Neisse Verlag, S. 195–201.

# Beiträge Studierender der Seminare „Begegnungsseminar Ludwigsburg-Ostrava", „Schule und Minderheiten im Donauraum" und „Medien und Minderheiten im Donauraum"

Abstract of the Students' Articles

In the course of the project "Interculturality and Multilingualism in the Schools in the Danube Region" the students wrote various articles for the seminars *Intercultural Seminar Ludwigsburg-Ostrava, School and Minorities in the Danube Region* and *Media and Minorities in the Danube Region*.

Helena Frick describes *German Lessons and German as a Foreign Language in the Danube Region – The Example of Hungary*. Katja Ibrahim and Marina Krawtschenko report on *Roma and their Image in the German Media*. Tatjana Ilic conducts *Two Interviews on the Subject of Arrival in Germany (BW) in the 1960s*. Sebastian Kuppel examines the following topic: *From Mainstream Culture to Transculturality – The Discrimination of the Roma in the Light of an Extended Understanding of Culture*. Katalin Nyers and Anna Mezei deal with *Broadcasting by Hungarian Germans about Hungarian Germans for Hungarian Germans*. Sophia Steinort summarizes important facts about the *Transylvanian Saxons and Danube Swabians – Origin and History of the German Minorities in the Danube Region*.

Helena Frick

Pädagogische Hochschule Ludwigsburg (Deutschland)

# Deutschunterricht und Deutsch als Fremdsprache im Donauraum am Beispiel von Ungarn

## 1. Einleitung

„Wir können alles. Außer Hochdeutsch!" (Christ 2009: 20) Mit diesen kurzen und prägnanten Sätzen eröffnet Eugen Christ im Jahr 2008, anlässlich des 20 jährigen Bestehens der Donauschwäbischen Kulturstiftung des Landes Baden-Württemberg, das Thema „Deutsche Sprache im Donauraum" (ebd. 2009: 20) an der Pädagogischen Hochschule Ludwigsburg. Mit dieser Aussage wollte er mitteilen, dass die deutsche Kultur mit ihren langjährigen Traditionen in Südosteuropa nur mit dem Erhalt von deutscher Sprache fortgeführt werden kann.

Deutsch als Fremdsprache (DaF) und der damit verbundene Deutschunterricht in Schulen kann im Donauraum sehr variabel und vielseitig gestaltet werden. Folgender Beitrag beschäftigt sich speziell mit DaF in Ungarn. Über den geschichtlichen Werdegang in den 60er Jahren, die Einführung eines neuen Abiturs im Jahre 2005, sowie den gesetzlichen Rahmen des Fremdsprachenunterrichts werden wichtige Veränderungen thematisiert. Interessant ist auch die deutsche Nationalitätenbildung in Ungarn, welche zum Schluss erwähnt wird. Betrachtet man den Fremdsprachenunterricht genauer, so zeigt sich schnell, dass die Erneuerungsprozesse in Ungarn Schwierigkeiten für Lehrende präsentierten – unabhängig davon ob sie Deutsch als Fremdsprache unterrichteten oder Englisch.

## 2. Deutsch als Fremdsprache in ungarischen Schulen

Das ungarische Kultusministerium veröffentlichte 1967 neue Lehrpläne, die den Anfang des Fremdsprachenunterrichts ab der 3. Klasse in den Primarstufen beinhalteten. Die eingeführten Sprachen waren Deutsch und Englisch, ebenso Russisch, welches bis zur Wende 1989 verpflichtend unterrichtet wurde (vgl. Lipóczi 2013). Bis zu den Schuljahren 1994/1995 verschwand Russisch allerdings nahezu komplett, während Englisch immer populärer wurde und Deutsch eine eher sinkende Tendenz aufwies. Eine mögliche Theorie für dieses Phänomen könnte das Fortschreiten der Globalisierung sein, in der die englische Sprache als Weltverkehrssprache eine dominierende Stellung einnimmt. Der Lehrplan aus dem Jahre 1980 beinhaltete für den Fremdsprachenunterricht in Deutsch sowohl sprachliche Grundkenntnisse als auch Länderkunde (speziell zur DDR) mit ihrer Kultur und ihren Bräuchen. 1995 wurde der Nationale Grundlehrplan eingeführt, der den Fremdsprachenunterricht zu einem einheitlichen Bildungs-bereich erklärte. Darin wurde festgelegt, dass der Fremdsprachenunterricht in der 5. Klasse beginnen soll. Nach einer Überarbeitung des Lehrplans 2003 wurde der Beginn des Fremdsprachenunterrichts auf die Klasse 4 festgelegt (vgl. Petneki/Szably'ar 2014).

Die Überarbeitung des Abiturs führte zu einer Umstrukturierung: Bis 2005 legten Schülerinnen und Schüler bevorzugt die *Staatliche Sprachkundigenprüfung* ab, welche innerhalb der Gesellschaft mehr anerkannt wurde. Grundlegende Ver-änderungen sind beispielsweise, dass Prüfungen (einschließlich des neuen Abiturs) für alle Schultypen standardisiert wurden, was vor 2005 von Schultyp zu Schultyp variierte. Vor Einführung des neuen Abiturs legte man größeren Wert auf Zwei-sprachigkeit, somit spielten Übersetzungen eine zentrale Rolle, wohingegen ab 2005 die Einsprachigkeit bevorzugt wurde und Übersetzungen somit hinfällig waren.

Auch Schwerpunkte wurden angepasst: Vor 2005 waren lexikalische und gram-matische Kenntnisse von zentraler Bedeutung, nach 2005 legte man größeren Wert auf kommunikative Sprachverwendung. Damit sind nur einige Unterschiede zwischen den Prüfungsmodellen genannt (vgl. Petneki/Szably'ar 2014).

Im Rahmenlehrplan, dieser dient als Ergänzung zum Nationalen Bildungs-gesetz, ist das primäre Ziel für die vierte Klasse „die Grundlegung der fremd-sprachlichen kommunikativen Kompetenzen der Schüler" (Lipóczi 2013: 312), weiterhin soll das Interesse für andere Kulturen geweckt werden. Der Erwerb einer Fremdsprache erweitert nach Feld-Knapp den Horizont der Schülerinnen und Schüler, baut Vorurteile ab und unterstützt bei der Entwicklung interkultu-reller Kompetenz. Damit wird auf erfolgreiche Kommunikation (auf schriftlichem und mündlichem Wege) zwischen Menschen unterschiedlicher Kulturen abgezielt (vgl. Feld-Knapp 2009).

Ebenfalls angegeben ist die Stundenzahl für den Fremdsprachenunterricht. Die-se beträgt für die 4. Klasse zwei Wochenstunden, während die Stundenanzahl für die 5. bis 8. Klasse auf drei Stunden erhöht wurde. Für die Lehrer des Fremdspra-chenunterrichts wurde vom Unterrichtsministerium eine Lehrwerkliste herausge-geben, die Lehrerinnen und Lehrer zur Orientierung zu Rate ziehen können. Mit der Qual der Wahl werden Lehrerinnen und Lehrer vor große Herausforderungen gestellt und müssen gleichzeitig ein hohes Maß an Verantwortung beweisen. Die Lehrkräfte stehen hier vor einer Entscheidung, die den Unterricht stark beeinflusst. „Je intensiver die Lehrer ihre Schüler in die Planung und Gestaltung des Unterrichts einbeziehen können, desto besser können die Schülerinteressen berücksichtigt und die Schüler zur Mitverantwortung für den Erfolg des Unterrichts und zum Umgang mit Freiheit erzogen werden" (Feld-Knapp 2009: 74). Die Schwierigkeit für die Lehrkräfte lag darin, dass die meisten nach dem alten System ausgebildet wurden und somit die Umstellung auf das neue System schwer fiel. Dabei handelt es sich nicht nur um fachliche Kompetenzen, viel mehr wurden neue Erwartungen an den Fremdsprachenlehrer gestellt (vgl. Ebd. 2009).

## 3. Deutschunterricht für die deutsche Minderheit in Ungarn

Interessant für Ungarn ist auch der Begriff und Bildungsbereich der „deutschen Nationalitätenbildung". Darunter ist „die Erziehung von Kindern ungarn-deutscher Herkunft im Kindergarten sowie der schulische Unterricht ungarn-deutscher Schülerinnen und Schüler zu verstehen" (Frank 2009: 64). Schwerpunkt eines solchen Unterrichts sind die deutsche Standardsprache, die ungarndeutsche und deutsche Literatur sowie die Volkskultur und Minderheitenkunde. Die Minderheitenbildung wird durch klare Rechtsvorschriften zu Struktur, Inhalten und Anforderungen bestimmt. Auf der anderen Seite werden durch das ungarische Bildungssystem einige Freiräume geschaffen. Die Ministerialverordnung enthält für einen Unterricht für nationale Minderheiten drei Varianten, in denen die Volkskultur die verbindliche Grundlage bildet.

Die erste Variante sieht in allen Unterrichtsfächern einen muttersprachlichen Unterricht vor, dieser kann allerdings aus unterschiedlichen Gründen kaum angeboten werden. Ein Grund wäre das Misstrauen bezüglich der zukünftigen Möglichkeiten der Schülerinnen und Schüler in beruflicher Hinsicht. Die zweite Variante stellt der bilinguale Unterricht dar, welcher in der Muttersprache und der Landessprache erfolgt und vermehrt in der Sekundarstufe 2 vorkommt. Die Hälfte der Pflichtstunden des Fachunterrichtes wird in deutscher Sprache abgehalten. Traditionell gehören dazu Geschichte, Erdkunde und Umweltkunde. Die Fächer können jedoch je nach Schule mit naturwissenschaftlichen Fächern und Philosophie ergänzt werden. Die letzte Variante der Minderheitenbildung zeichnet sich durch fünf Wochenstunden Unterricht in der Muttersprache aus, während die restlichen Wochenstunden in der Landessprache erfolgen. Diese Form tritt verstärkt in der Primarstufe und der Sekundarstufe 1 auf. Das Fach der Volkskultur kommt zusätzlich hinzu, dies kann als selbstständiges Fach gewählt oder aber in andere Fächer integriert werden. Die Vermittlungssprache ist im letzteren Fall das Ungarische (vgl. Frank 2009).

Abschließend lässt sich sagen, dass Deutsch als Fremdsprache trotz Englisch einen recht hohen Stellenwert hat. Es bedarf zwar einer gewissen Förderung aber dadurch können die deutsche Sprache und die dazugehörigen Traditionen erhalten bleiben. Für die deutsche Minderheit in Ungarn besteht außerdem von Grund auf die Chance ihre Muttersprache zu lernen und zu verinnerlichen, sodass die deutsche Sprache immer ein Teil von ihnen ist und bleibt.

## Literatur

Christ, Eugen (2009): Einführung in das Thema „Deutsche Sprache im Donauraum". In: Melenk, H./Christ, E. (Hrsg.): Deutsche Sprache im Donauraum. 20 Jahre Donauschwäbische Kulturstiftung des Landes Baden-Württemberg. Freiburg: Fillibach.

Feld-Knapp, Ilona (2009): Qualitätssicherung und interkulturelle Kompetenz im Deutschunterricht in Ungarn. In: Melenk, H./Christ, E. (Hrsg.): Deutsche Sprache im Donauraum. 20 Jahre Donauschwäbische Kulturstiftung des Landes Baden-Württemberg: 70 ff. Freiburg: Fillibach.

Frank, Gábor (2009): Die Lage des Deutschunterrichts an Kindergärten und Schulen für die deutsche nationale Minderheit in Ungarn. In: Melenk, H./Christ, E. (Hrsg.): Deutsche Sprache im Donauraum. 20 Jahre Donauschwäbische Kulturstiftung des Landes Baden-Württemberg: 64 f. Freiburg: Fillibach.

Lipoczi, Sarolta (2013): Früher Deutschunterricht (DaF) in Ungarn. In: Ulrich, W. (Hrsg.): Deutschunterricht in Theorie und Praxis Band 10. Oomen-Welke, I./Ahrenholz, B. (Hrsg): Deutsch als Fremdsprache: 311 ff. Baltmannsweiler: Schneider Hohengehren.

Petneki, Katalin/Szablyár, Anna (2014): Deutsch als Fremdsprache – vor und nach der Wende in Ungarn. In: Tichy, E./Ilse, V. (Hrsg.): Deutsch in Mittelosteuropa nach 1989 – 25 Jahre Germanistikstudiengänge, Deutschlehrerausbildung, DaF-Lehrwerke und DaF-Unterricht: 233 ff. Frankfurt/Main: Peter Lang.

Katja Ibrahim und Marina Krawtschenko

Pädagogische Hochschule Ludwigsburg (Deutschland)

# Roma und ihr Bild in den deutschen Medien

Gitarren und Geigen, feurige Klänge, Wahrsager und schöne Frauen mit Armen voll goldener Armreifen, bettelnde Kinder, Einbrecher und Kleinkriminelle – oder Menschen wie du und ich? „Unser Wissen über das Leben und über Einzelheiten der Geschichte der Sinti und Roma ist sehr begrenzt, da es kaum eigene Schriftquellen gibt." (Engbring-Romang 2006) Die meisten Informationen wurden stets von Nicht-Sinti und -Roma gesammelt und weitergegeben (vgl. Engbring-Romang 2006). Woher stammen die heute in Europa lebenden Roma und Sinti? Ursprünglich kamen sie aus Indien beziehungsweise aus dem heutigen Pakistan. Sie wanderten über Persien, Kleinasien oder den Kaukasus und im 13. und 14. Jahrhundert über Griechenland und den Balkan nach Europa ein. Hintergrund für ihre Wanderung waren Kriege, Verfolgung, Vertreibung oder wirtschaftliche Not. Diese dauerte auf Mitteleuropa bezogen über 500 Jahre.

In Europa waren Roma ‚neue Fremde'. Sie unterschieden sich von den Einheimischen im Aussehen, in ihren kulturellen Traditionen und durch ihre Sprache (Romanes). Was genau aber meinen wir heute, wenn wir von Sinti und Roma sprechen? Als Sinti und Roma werden vor allem außerhalb des deutschen Sprachraums lebende Gruppen bezeichnet. Im Gegensatz dazu werden die in Deutschland lebenden Gruppen aus dem südosteuropäischen Raum nur als Roma bezeichnet. Lange Zeit wurde aber der Begriff „Zigeuner" benutzt, der eine Fremdbezeichnung ist und von vielen Sinti und Roma als beleidigend oder herabsetzend empfunden wird. „Im Antiziganismus werden Mitglieder der Gruppen der Roma und Sinti pauschalisierend als „fremd", „nomadisch", „musikalisch" und „primitiv", „archaisch", „kulturlos" oder „kriminell" und „modernisierungs-resistent" bezeichnet" (Wippermann 2014).

> Antiziganismus ist eine bis heute in der Gesellschaft durchaus akzeptierte Grundhaltung
> vieler Menschen gegenüber Sinti und Roma. Diese Grundhaltung macht es unmöglich,
> die realen Menschen zu erkennen und sie führt zu massiven Diskriminierungen. Antizi
> ganismus richtet sich also gegen eine ethnische Minderheit, der ein bestimmtes Verhalten
> vielfach als unveränderliche Wesensart unterstellt wird. (Wippermann 2014).

Zwischen 70.000 bis 150.000 Sinti und Roma leben heute in der Bundesrepublik Deutschland (laut der Sinti und Roma-Verbände). Die genaue Zahl ist nicht bekannt, da es keine offiziellen Erhebungen gibt.

Was assoziieren Menschen in Deutschland mit dem Begriff Sinti und Roma? Die einen belächeln die Debatte um das „Zigeunerschnitzel", die anderen denken an kriminelle Ringe, die ihre Kinder zum Betteln auf die Straße schicken und dann im Mercedes davonfahren. Manche denken auch eher wertfrei an feurige Musik, bunte Kleider und Goldzähne. Allgemein herrschen aber in den seltensten Fällen positive Vorurteile. Viel mehr kann von offenem Antiziganismus ausgegangen werden, der die Abwehrhaltung der Mehrheitsbevölkerung gegen Roma und Sinti und die Ausgrenzungs- und Verfolgungspolitik seit dem 15. Jahrhundert bezeichnet. Betrachtet man die Ergebnisse einer repräsentativen Umfrage der Antidiskriminierungsstelle des Bundes zum Zusammenleben mit Sinti und Roma, fällt der bestehende Antiziganismus deutlich ins Auge (vgl. Süddeutsche Zeitung 2014).

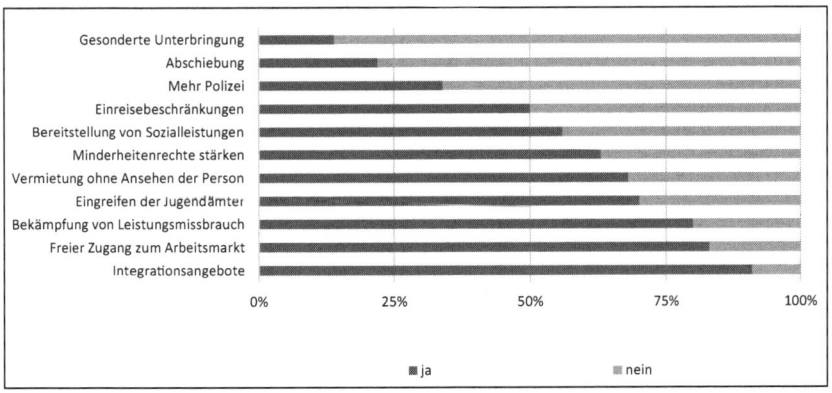

Wie aber kommt es dazu, dass dieses negative Bild nach wie vor die Meinung der Mehrheitsbevölkerung dominiert? Liegt es wirklich nur an Gleichgültigkeit und Unwissenheit, oder unterstützt das medial erzeugte Bild die vorhandene Ablehnung entsprechend?

Die Medien haben eine große Verantwortung in der modernen Gesellschaft. Politikwissenschaftlich werden sie sogar als „vierte Gewalt" bezeichnet (vgl. Bundeszentrale für politische Bildung 2016). Im Hinblick auf die großen Einflussmöglichkeiten ist eine unkritische Darstellung von Zusammenhängen fatal.

In der Berichterstattung über Sinti und Roma wird zu recht immer wieder Kritik am Mangel von minderheitensensibler, diskriminierungsfreier und nicht stereotyper Darstellung geübt.

Schlagzeilen wie „*Es kommen nicht nur Roma – Es kommen auch Akademiker*" (ZDF, heute.de Juni 2013), „*Zigeunersoße soll umbenannt werden*" (Stuttgarter Zeitung, August 2013) oder „*We kill the Gypsies*" (T-Shirt von zazzle.de, September 2015) führen zu einer Bedrohung von Normen, die zwar für das Selbstverständnis der Gesellschaft, nicht aber unbedingt für ihre Wirklichkeit von Bedeutung sind.

Um einen exemplarischen Einblick in das Leben von Roma in Baden-Württemberg zu bekommen, haben wir zwei Jugendliche aus Stuttgart befragt. Eines der Vorurteile, dass Roma aus ungebildeten Großfamilien von Arbeitslosen stammten, wollten wir durch das Abfragen der Familienkonstellation untersuchen. Einer der Befragten wächst mit seinen im Kosovo bzw. in Serbien geborenen berufstätigen Eltern und drei Geschwistern auf. Alle Kinder sind in Deutschland geboren. Die älteste Schwester ist Einzelhandelskauffrau, die jüngeren drei gehen noch zur Schule – eine besucht das Gymnasium und steht kurz vor dem Abitur, der Befragte selbst macht derzeit seinen mittleren Schulabschluss und die Jüngste besucht die siebte Klasse einer Gemeinschaftsschule. Die Großeltern väterlicherseits leben in Deutschland, die mütterlicherseits in Serbien.

Der zweite Befragte lebt mit fünf älteren Geschwistern und seinen Eltern (Vater Rentner, Mutter Hauswirtschafterin) zusammen. Er ist das einzige in Deutschland geborene Kind der Familie und erwirbt derzeit seinen mittleren Schulabschluss. Unter seinen Geschwistern sind drei Einzelhandelskaufleute, eine Friseurin und eine Auszubildende zur Medizinisch-technischen Fachangestellten. Die einzige noch lebende Großmutter lebt in Deutschland.

Die beiden befragten Jugendlichen kommen also aus Familien mit mehr als 1,4 Kindern (bundesdeutscher Durchschnitt). Alle Kinder haben die Schule abgeschlossen (oder besuchen sie noch) und einen Beruf erlernt. Die Eltern sind alle berufstätig (einer verrentet) und nicht auf staatliche Hilfen angewiesen.

Im Gesprächsverlauf versuchten wir mehr über traditionelle Werte und Vorurteile, denen die Jugendlichen im Alltag begegnen können, (J 1 und J 2) zu erfahren. Es folgen nun einige Auszüge aus dem Gespräch.

Interviewer: Ihr bezeichnet euch als Roma aus Serbien. Was bedeutet das?
J 1: Unsere Familien kommen aus Serbien, bzw. dem Kosovo. Wir sind aber eben keine Serben, sondern Roma.
Interviewer: Was ist denn der Unterschied?
J 2: Serben sind heller als wir. Und sie sprechen nur Serbisch. Wir können zwar auch Serbisch, aber wir sprechen auch Romanes und natürlich Deutsch.
Interviewer: Welche kulturellen und traditionellen Werte würdet ihr als typisch deutsch bzw. typisch Roma bezeichnen?

J 1:            Unsere Traditionen sind vor allem christlich geprägt. Wir feiern also
                die gleichen Feste wie unsere deutschen Freunde.

J 2:            Ja schon, aber bei uns ist Ostern zum Beispiel wichtiger als Weih-
                nachten. Wir sind serbisch-orthodox. Und wir gehen auch in unsere
                Kirche. Also dort sind alle serbisch-orthodox.

Interviewer:    Würdet ihr sagen, dass eure deutschen Freunde genauso religiöse
                Familien haben wie ihr?

J 1:            Nee, überhaupt nicht. Die meisten gehen höchstens an Weihnachten
                in die Kirche. Wir müssen schon zu allen Festen hin. Und auch so
                ab und zu am Sonntag.

Interviewer:    Sind die Bräuche zu den christlichen Festen ähnlich?

J 1:            Naja, wir haben auch viele übernommen, weil sie uns gefallen. Wir
                haben also auch Adventskalender und suchen Ostereier und be-
                kommen eine Schultüte zur Einschulung.

Interviewer:    Und was ist bei euch ganz anders, als bei den deutschen Familien?
                Fällt euch da spontan etwas ein?

J 2:            Das Essen. Also vor allem die Menge. Wenn wir Besuch kriegen,
                dann gibt es mega viel zu essen. Das gehört zur Gastfreundschaft.
                Bei den Deutschen gibt es immer nur Kaffee und Kuchen.

Interviewer:    Mich würde interessieren, ob ihr in eurem Alltag in Deutschland
                mit Vorurteilen zu tun habt, weil ihr Roma seid?

J 1:            Eigentlich gar nicht. Wir sind hier halt ganz normale Ausländer. Die
                Deutschen sehen uns ja nicht an, dass wir Roma sind.

Interviewer:    Du betonst so, dass die Deutschen euch das nicht ansehen. Warum?

J 1:            Naja, in Serbien ist das anders. Da wissen alle, dass wir Roma sind,
                weil wir eine dunklere Haut haben als die Serben.

Interviewer:    Begegnet ihr dort dann manchmal Vorurteilen?

J 2:            Auf jeden Fall. Dort sagen sie, wir sind dreckig, weil wir Roma sind.
                In Serbien bleiben wir unter uns.

Besonders auffällig erschien die Aussage „Wir sind hier halt ganz normale Ausländer. […] Die Deutschen sehen uns ja nicht an, dass wir Roma sind." Vor dem
Hintergrund, dass die Erfahrungen von Roma in Serbien negativ konnotiert sind:
Impliziert dies, dass ein Erkennen als Roma eine andere Konsequenz hätte, als
‚nur' als Ausländer wahrgenommen zu werden?

    Würde der Medieneinfluss anders – nämlich minderheitensensibel und dis-
kriminierungsfrei – genutzt, könnte ein anderes Bild von Sinti und Roma in der
Gesellschaft gezeichnet werden. Grundlage für eine kritische Auseinandersetzung

ist die eigenständige Analyse der Berichte in den Medien einerseits und eine objektive, minderheitensensible Berichterstattung seitens der Medien andererseits.

## Literatur

Bundeszentrale für politische Bildung (2016): Medien Die „vierte Gewalt"? http://www.bpb.de/politik/grundfragen/deutsche-verhaeltnisse-eine-sozialkunde/138737/medien (zuletzt geprüft am 15.08.2016)

Engbring-Romang, Udo (2006): Antiziganismus: Begriff, Idee, Funktion und Umsetzung. https://sintiromahessen.wordpress.com/antiziganismus/ (zuletzt geprüft am 15.08.2016)

Süddeutsche Zeitung/ dpa/AFP/joba/odg. September 2014: „Studie dokumentiert erhebliche Vorbehalte gegen Sinti und Roma".http://www.sueddeutsche.de/politik/minderheiten-studie-studie-dokumentiert-erhebliche-vorbehalte-gegen-sinti-und-roma-1.2114422 (zuletzt geprüft am 02.08.2016)

Wippermann, Wolfgang (1998): Antiziganismus. Entstehung und Entwicklung der wichtigsten Vorurteile. In: Landeszentrale für politische Bildung Baden-Württemberg (HG): Zwischen Romantisierung und Rassismus. Sinti und Roma 600 Jahre in Deutschland. Stuttgart. https://www.lpb-bw.de/publikationen/sinti/SINTI.pdf (zuletzt geprüft am 02.08.2016)

Wippermann, Wolfgang (2014): Ein unbekanntes Volk? Daten, Fakten und Zahlen. Zur Geschichte und Gegenwart der Sinti und Roma in Europa. Bundeszentrale für politische Bildung. http://www.bpb.de/internationales/europa/sinti-und-roma-in-europa/179536/ein-unbekanntes-volk-daten-fakten-und-zahlen?p=all#footnode11-6 (zuletzt geprüft am 15.08.2016)

Tatjana Ilic

Pädagogische Hochschule Ludwigsburg (Deutschland)

# Zwei Interviews über das Ankommen in Deutschland in den 60er Jahren

„Unmittelbar nach dem Krieg liegt die deutsche Wirtschaft am Boden. Die Wirtschafts-
hilfen der Amerikaner aber, die Währungsreform und ein allgemeiner Aufbauwille in
der deutschen Nachkriegsgesellschaft verhelfen Deutschland in den 50er und 60er Jahren
zu einem einzigartigen Wirtschaftsboom, dem so genannten Wirtschaftswunder […].
Nach dem Muster des deutsch-italienischen Anwerbeabkommens folgen ähnliche Ver-
einbarungen mit Spanien und Griechenland (1960), mit der Türkei (1961), mit Portugal
(1964) und dem damaligen Jugoslawien (1968)." (Rehbein 2011).

Das Wirtschafts- und Sozialwissenschaftliche Institut hält in dem *Report Gastarbeiter 2014* folgendes fest: „Als ehemalige Gastarbeiter werden Ausländer angesehen, welche das 65. Lebensjahr vollendet haben und Staatsangehörige der Türkei,
der Nachfolgestaaten Jugoslawiens, Italiens, Spaniens, Portugals oder Griechen-
lands sind. Aufgrund ihrer geringen Zahl werden die Gastarbeiter aus Tunesien
und Marokko somit ignoriert." (Höhne et al. 2014: 13).

Es werden nun zwei Interviews dargestellt, die die jeweilige Sicht über das
Ankommen in Deutschland, speziell in Baden-Württemberg, präsentieren.

## 1. Interview: Perspektive eines Gastarbeiterkindes

Interviewerin: Warum genau bist du nach Deutschland gekommen?

Proband 1:　　Als Kind mit meinen Eltern. In den 60er Jahren hat Deutschland
　　　　　　　viele Gastarbeiter ins Land geholt, da ein großer Arbeitskräfte-
　　　　　　　mangel herrschte.

Interviewerin: Du kamst also im Zuge der Deutschlandpolitik, die in den 60er
　　　　　　　Jahren viele Gastarbeiter nach Deutschland holte, mit deiner Fa-
　　　　　　　milie nach Baden-Württemberg. Wann war das genau?

Proband 1:　　Das war im Herbst 1967. Das genaue Datum ist mir jedoch leider
　　　　　　　entfallen.

Interviewerin: Weißt du denn noch, in welcher Stadt du das erste Mal deutschen
　　　　　　　Boden betreten hast?

Proband 1:        Ja, das weiß ich natürlich noch. Es war im Süden Deutschlands, in Stuttgart.

Interviewerin:    Also mitten in der Hauptstadt Baden-Württembergs. Woher kamst du denn genau?

Proband 1:        Aus Bački Brestovac. Ich habe ca. 1,5 Jahre dort bei meiner Oma gelebt, da meine Eltern bereits 1965 nach Deutschland gefahren sind.

Interviewerin:    Das heißt, du lebtest eine ganze Weile ohne deine Eltern in Serbien.

Proband 1:        Ja genau. Das war keine leichte Zeit.

Interviewerin:    Das kann ich mir gut vorstellen. Mit wem kamst du dann nach Deutschland?

Proband 1:        Meine Eltern haben mich mitgenommen, da ich Einzelkind bin und meine Eltern nicht ohne ihren Sohn im Ausland leben wollten. Es ist ja meistens so geplant gewesen, dass man nur 3–5 Jahre im Ausland bleibt.

Interviewerin:    Also, deine Eltern wollten ursprünglich nur eine gewisse Zeit im Ausland bleiben.

Proband 1:        So ist es. Aus 3–5 Jahren wurden dann 40 Jahre.

Interviewerin:    Das ist ein großer Unterschied. Wie bist du denn damals hergekommen?

Proband 1:        Mit dem Auto. Eine lange Reise von 1350 km.

Interviewerin:    Weißt du denn noch, wie lange die Reise gedauert hat?

Proband 1:        Diese Fahrt hat ca. 18 Stunden gedauert, aber es gab auch schon bei viel Verkehr Reisen von bis zu 48 Stunden.

Interviewerin:    Das kann ich mir gut vorstellen. Was hattest du denn bei der Reise dabei?

Proband 1:        Nur das Nötigste. Meine Eltern haben mich nach einem Besuch in Bački Brestovac spontan mitgenommen, weil ihnen und mir der Abschied sehr schwer gefallen ist.

Interviewerin:    Und wie lange hat es dann gedauert, bis du einen festen Wohnsitz hattest?

Proband 1:        Gleich, bei meinen Eltern in Stuttgart-Zuffenhausen. Meine Mutter hatte dort als Küchenhilfe gearbeitet.

Interviewerin:    Und wie war es mit der Sprache? Wann hast du angefangen Deutsch zu lernen?

Proband 1:        Gleich nach der Ankunft. Ich hatte das Glück, dass die Vermieter selbst sogenannte Donauschwaben waren und noch ein bisschen

Serbisch verstanden haben. So konnte ich wesentlich schneller die Sprache erlernen. Im dritten Jahr in Deutschland war ich bereits in der 4. Klasse Klassensprecher – die ersten beiden Jahre habe ich in einem Jahr absolviert.

Interviewerin: Das hört sich sehr interessant und nach einem leichten Start in Deutschland an, obwohl es bestimmt nicht so problemlos ist, in einem fremden Land Fuß zu fassen. Wann warst du denn das erste Mal wieder in deinem Heimatland?

Proband 1: Wir sind regelmäßig (mind. 1x jährlich) nach Belgrad gefahren – mit Auto, Bus oder Flugzeug.

Interviewerin: Und wie viel Kontakt hattest du zu deiner Familie in Serbien?

Proband 1: Eigentlich nur durch die Besuche, da es früher nicht diese Vielfalt an Kommunikationsmöglichkeiten gab wie heute.

Interviewerin: Ja, das stimmt natürlich. Wie hast du dann den Kontakt zu deiner Familie gehalten?

Proband 1: Mit Besuchen in Belgrad, teilweise kamen die Verwandten auch zu uns oder wir haben gelegentlich telefoniert.

Interviewerin: Deutschland und Serbien im Vergleich. Was war anders?

Proband 1: Noch bis in die 80er Jahre war bei manchen Leuten eine gewisse Ausländerfeindlichkeit zu spüren. Ansonsten habe ich – so wie viele andere Gastarbeiter – die Genauigkeit und den Fleiß der Deutschen geschätzt. Es hat natürlich einige Zeit gedauert, bis man sich an die neue Umgebung, die Menschen und die Sprache gewöhnt hatte.

Interviewerin: Hat sich denn irgendwas am Heimatbegriff verändert?

Proband 1: Nun, es hängt von vielen Faktoren ab. In meinem Fall war es so, dass meine Eltern schon immer den Wunsch hatten, nach Serbien zurückzukehren. Somit haben wir immer Serbien als unsere Heimat empfunden. Das hieß und heißt natürlich nicht, dass man sich in Deutschland nicht nach so vielen Jahren auch heimisch fühlt.

Interviewerin: Schön, dass Deutschland auch einen Teil deines Heimatverständnisses ausmacht. Ich bedanke mich für das Gespräch.

## 2. Interview: Perspektive einer Gastarbeiterin

Interviewerin: Warum genau bist du nach Deutschland gekommen?

Proband 2: Wegen der wirtschaftlichen und politischen Lage in Serbien und wegen den wenigen vorhandenen Arbeitsplätzen und den besseren Verdienstmöglichkeiten in Deutschland.

Interviewerin: Du bist damals als Gastarbeiterin von Serbien nach Deutschland gekommen. Wann bist du angekommen?

Proband 2: Es war im Jahr 1965.

Interviewerin: Und wo genau bist du angekommen?

Proband 2: In Stuttgart-Zuffenhausen.

Interviewerin: Woher kamst du aus Serbien?

Proband 2: Aus Belgrad, der Hauptstadt Serbiens.

Interviewerin: Und mit wem bist du nach Deutschland gekommen?

Proband 2: Mit einer Freundin.

Interviewerin: Weißt du denn noch, wie du hergekommen bist?

Proband 2: Ja, das weiß ich noch. Es war mit der Bahn.

Interviewerin: Und wie lange hat die Reise gedauert?

Proband 2: Es waren um die 21 Stunden.

Interviewerin: Das war bestimmt eine anstrengende Reise. Was hattest du alles dabei?

Proband 2: Nur einen Koffer.

Interviewerin: Wie lange hat es gedauert, bis du einen festen Wohnsitz hattest?

Proband 2: 3 Tage.

Interviewerin: Wann hast du angefangen, Deutsch zu lernen?

Proband 2: Gleich, in der Praxis, ohne irgendwelche Kurse.

Interviewerin: Ich verstehe. Wann warst du das erste Mal wieder in deinem Heimatland?

Proband 2: Nach ca. 5 Monaten mit dem Auto.

Interviewerin: War es denn schwer, mit deiner Familie Kontakt zu halten? Wie viel Kontakt hattest du ungefähr?

Proband 2: Ja, es war sehr schwer. Wir hatten nur selten Kontakt. Ca. 1–2 Mal jährlich, wenn ich zu Besuch in Serbien war.

Interviewerin: Wie hast du sonst den Kontakt zu deiner Familie gehalten?

Proband 2: Man musste bei der Post einen Telefontermin vereinbaren oder über das Telegramm.

Interviewerin: Was war anders in Deutschland als in Serbien?

Proband 2: Probleme mit der Sprache und es war schwer, Kontakt zu deutschen Mitbürgern zu bekommen.

Interviewerin: Das stelle ich mir auch sehr schwer vor. Wie hast du Deutschland zu Beginn wahrgenommen?

Proband 2: Es war neu und ungewohnt. Aber ich kann keine genauen Angaben zu dieser Frage machen.

Interviewerin: Wie hat sich der Heimatbegriff verändert?

Proband 2:      Nicht sehr. Serbien war immer schon meine Heimat. Da, wo mei-
                ne Familie lebt.
Interviewerin:  Danke für das aufschlussreiche Interview.

## 3.  Fazit

Die beiden Interviews stellen zwei unterschiedliche Perspektiven dar. Was in beiden offensichtlich wird, ist, dass der Anfang in Deutschland sehr schwer war – zum
einen wegen der fremden Sprache und zum anderen wegen des fehlenden Kontakts
zu deutschen Mitbürgern. Außerdem darf nicht vergessen werden, dass durch
die Auswanderung nur sehr wenig Hab und Gut mitgenommen werden konnte
und somit ein Stück Heimat immer zu Hause blieb. Des Weiteren wäre noch zu
erwähnen, dass man damals davon ausgegangen ist, dass man nach ein paar Jahren
wieder zurück in die Heimat gehen wird. Häufig wurde jedoch aus ein paar wenigen Jahren eine deutlich längere Zeit. Leider war es nur bedingt möglich, Kontakt
zu seiner Familie im Heimatland zu pflegen, da die technischen Gegebenheiten
damals noch nicht so fortgeschritten waren wie heutzutage. Der Heimatbegriff
hat sich bei den befragten Personen nicht verändert. Da klar war, dass es nach
der Rente zu einer Rückkehr kommen wird, wurde Deutschland nicht zu so einer
Heimat, wie es Serbien war. Dennoch hat man sich in Deutschland wohl gefühlt
und auch Tugenden der deutschen Kultur zu schätzen gewusst.

## Literatur

Höhne, Jutta./Linden, B./Seils, E./Wiebel, A. (2014): Die Gastarbeiter – Geschich-
    te und aktuelle soziale Lage. WSI Report 16. http://www.boeckler.de/pdf/p_
    wsi_report_16_2014.pdf (zuletzt geprüft am: 02.02.2016)
Rehbein, Ulla (2011): Hintergrund: Gastarbeiter im Westen – Das Wirtschafts-
    wunder. https://www.planet-schule.de/wissenspool/zu-hause-in-deutschland/
    inhalt/hintergrund/gastarbeiter-im-westen-das-wirtschaftswunder.html (zu-
    letzt geprüft am: 25.01.2016)

Sebastian Kuppel

Pädagogische Hochschule Ludwigsburg (Deutschland)

# Von der Leitkultur zur Transkulturalität
# Die Diskriminierung von Roma im Lichte eines erweiterten Kulturverständnisses

Die Situation der Roma in Tschechien markierte einen zentralen Gesichtspunkt des Austauschprogramms der Hochschulen Ludwigsburg und Ostrava. In diesem Zusammenhang konnten Prozesse der Ausgrenzung, Diskriminierung und Stigmatisierung von Roma nicht unberücksichtigt bleiben. In vielen Diskursen über diese Problematik drängte sich die Frage auf, inwiefern das Konzept der Transkulturalität einen Ausweg aus der misslichen Lage der Roma bedeuten könnte. Dem soll im Folgenden nachgegangen werden. Ausgehend von einer Darstellung des präskriptiven Kulturkonzepts, auf dem die Diskriminierung von Roma wurzelt, werden Grundsätze und Chancen eines transkulturellen Kulturverständnisses vorgestellt. Wenig fruchtbar wäre allerdings eine einseitig positive Sicht auf Transkulturalität, sodass gleichfalls kritische Aspekte des Transkulturellen beleuchtet werden.

Die Diskriminierung von Roma sei zunächst auf der Folie eines kulturtheoretischen Zugangs nachgezeichnet. Danach definiert ein normativ orientiertes Kulturkonzept die Ausgangsbasis von Diskriminierungsprozessen. Dies meint, dass Werte und Handlungsweisen einer dominierenden Mehrheitskultur zur Richtschnur gesellschaftlichen Handelns gemacht werden. Andere Wertvorstellungen und Handlungsansätze werden demgegenüber ignoriert oder aber explizit zurückgewiesen. Mithin etabliert sich eine eindimensionale Leitkultur, die sich in der Präferenz bestimmter Lebensformen ausdrückt (vgl. Yousefi/Braun 2011: 13 ff.). Am Beispiel Tschechiens zeigt sich diese Präferenz an eigens für Roma konzipierten Bildungs- und Integrationsprogrammen.[1] Problematisch ist dabei, dass eben jene präferierten Werte (z.B. Bildung) für viele Roma oftmals

---

[1] Im Konkreten sei eine Maßnahme erwähnt, mit welcher Roma für den Polizeidienst qualifiziert werden sollten. Das Ausbildungsprogramm scheiterte jedoch aufgrund einer zu großen räumlichen Distanz zwischen den Ausbildungszentren und den Wohnorten der Roma. Hier wurde nicht bedacht, dass die räumliche Nähe zur Familie einen besonderen Stellenwert für Roma einnimmt.

von nachrangiger Bedeutung sind. Maßnahmen zur Assimilation erreichen ihr Ziel folglich nicht.[2] *Wie kann dann aber zwischen den verschiedenen Kulturen einer Gesellschaft vermittelt werden?* Sofern der Grundgedanke leitender und geleiteter Kulturen nicht aufgegeben wird, erscheint ein gleichberechtigtes Miteinander der Kulturen unmöglich. Mit dem Konzept der Transkulturalität soll jedoch eine Alternative zur einseitigen Forderung nach Assimilation vorgeschlagen werden. Transkulturalität beschreibt dabei einen Ansatz, „der eine gemeinsame Kultur jenseits bestehender kultureller Eigenheiten annimmt. Die Kombination von Elementen verschiedener Herkunft kann so ein Individuum transkulturell erscheinen lassen" (Yousefi/Braun 2011: 108). Mit pejorativer Konnotation wird Transkulturalität bisweilen auch als „radikale Vermischung der ‚Kulturen'" (ebd.: 109) bezeichnet. Diese Begriffsbestimmung trifft jedoch ein wesentliches Merkmal der Transkulturalität: Die Aufgabe wohl definierter kultureller Grenzen. Und eben hierin fußt nun ein besonderes Potenzial der transkulturellen Perspektive. Denn mit der Loslösung von einer trennscharfen Unterscheidung der Kulturen wird es unmöglich – erstens – Kulturen als in sich geschlossene Ganzheiten zu klassifizieren und damit – zweitens – diesen Ganzheiten negative Attribute zuzuschreiben. Infolgedessen könnten kulturell bedingte Prozesse der Diskriminierung umgangen werden.

Allerdings liegt dieses erweiterte Kulturverständnis noch in weiter Ferne. So wird am Beispiel Tschechiens die nach wie vor strikte Grenzziehung zwischen Roma und Mehrheitsbevölkerung u.a. anhand der Struktur des städtischen Sozialraumes ersichtlich. Dementsprechend bewohnen Roma vornehmlich entlegene Stadtgebiete, welche von der übrigen Bevölkerung gemieden werden. Unüberwundene kulturelle Differenzen erklären diese Form der Quartiersbildung. Ausgangspunkt ist dabei die Fremdheit des Gegenübers, die auf kultureller Andersheit abhebt und als bedrohlich erachtet wird. Sie ist es, die schließlich der Etablierung kulturell heterogener Stadtgebiete entgegensteht (vgl. Häußermann/Kapphan 2004: 210).[3] Dies bedeutet im Umkehrschluss, dass Entgrenzungen, des

---

2  Zur Illustration grundlegender Thesen muss an dieser Stelle sowie im Folgenden ausgeklammert werden, dass Kulturen stets über ein hohes Maß an interner Diversität verfügen. In dieser Hinsicht ist es durchaus kritisch, wenn bestimmte Charakteristika allen Angehörigen einer Kultur in gleichem Maße zugeschrieben werden.

3  Häußermann/Kapphan (2004) beziehen sich in ihren Überlegungen auf Aspekte der *sozialen* Segregation (bestimmende Variable ist der Sozialstatus). In diesem Punkt dürften soziale und *ethnische* Segregation, die hier behandelt wird, aber übereinstimmen. Weitere Ursachen ethnischer Segregation finden sich bei Farwick (2012).

städtischen Sozialraumes einerseits und der kulturellen Normen andererseits, Hand in Hand gehen.

Gleichwohl liegt in der völligen Aufgabe kultureller Grenzen die Gefahr einer kultureklektischen Haltung. Danach wird dem Einzelnen die Möglichkeit genommen, sich innerhalb einer singulären Kultur zu verorten. Eine verringerte Handlungssicherheit im Alltag, die gar in einem stetigen Gefühl der kulturellen Heimatlosigkeit gipfeln könnte, wäre die Folge (vgl. Yousefi/Braun 2011: 103). Ebenso ist zu bedenken, dass Kulturen häufig identitätsstiftend wirken. Traditionen, Normen und Werte einer Kultur sind in diesem Sinne als Anker zu verstehen, der in unruhigen Zeiten ausgeworfen werden kann. Doch ist gleichfalls eine Neuausrichtung dieses Ankers denkbar. Damit ist gemeint, dass es einem Individuum durchaus gelingen kann, Normen und Werte verschiedener Kulturen gleichermaßen zu internalisieren. Mithin etabliert sich eine hybride Identität, die ebenso Halt und Orientierung in Zeiten der Unsicherheit stiften kann.

Mit dem Konzept der Hybridität – als Folge eines transkulturellen Kulturverständnisses – geht ferner einher, dass die Zuordnung einer Person zu einem bestimmten Kulturkreis obsolet wird. Folglich ist es nicht mehr erforderlich, auf öffentlicher Ebene um eine gemeinsame Basis verschiedener Kulturen zu ringen. Auch wenn diese Basis mit wohlwollender Absicht geschaffen wurde, so kann sie sich dennoch zum Inbild kulturellen Handelns entwickeln (Stichwort: Leitkultur). Demgegenüber werden bei hybriden Persönlichkeiten Prozesse des Aushandelns zwischen den Kulturen auf intraindividuelle Ebenen verlagert. Die obligatorische Orientierung an einem kulturellen Idealtypus wird aufgegeben. An dieser Stelle zeichnet sich ein weiterer Weg ab, um der Diskriminierung kultureller Minderheiten – respektive der Roma – zu begegnen. Denn mit der Anerkennung kulturell hybrider Persönlichkeiten wird die Gefahr umschifft, bestimmte Denk- und Verhaltensweisen *einem* spezifischen kulturellen Kontext zuzuschreiben. Somit wird dem „Bedürfnis nach schlichten Welterklärungen" (Benz 2013: 62) ein Deutungsmuster – nämlich die kulturelle Herkunft – entzogen. Dass in Bezug auf Roma noch immer eingleisige Erklärungsmuster herangezogen werden, illustriert Horáková-Hirschlerová (2014). In einem Vortrag, der im Rahmen des o.g. Austauschprogramms stattfand, stellte die Soziologin der Universität Ostrava zentrale Ergebnisse ihrer Arbeit vor. Sie zeigte anhand der medialen Aufarbeitung zweier Konflikte zwischen Roma und Tschechen, dass in tschechischen Printmedien zuweilen ein einseitiges, holzschnittartiges Bild von Roma gezeichnet wird. In Bezug auf einen dieser handgreiflichen Konflikte berichtet beispielsweise die Zeitung *Denik* von einer „kreischenden Horde bewaffneter Roma", einer „blutrünstigen

Meute von 18 Roma" oder „nicht anpassungsfähige[n] Bewohner[n]".[4] Um einer solch medial forcierten Diffamierung einer gesamten Kultur entgegenzuwirken, wäre ein Umdenken notwendig. Dieses müsste sich an einer transkulturellen Perspektive orientieren, sodass die kulturelle Herkunft, die häufig als Pauschalerklärung für Konflikte und Zwischenfälle dient, an Überzeugungskraft verliert. Ein erster Schritt hierzu wäre es, vermehrt zu Reflexion und multiperspektivischem Denken anzuregen – eine Aufgabe, deren praktische Umsetzung gewiss schwierig sein dürfte. Hierin sieht auch Elm (2001: 14) einen wesentlichen Kritikpunkt am Konzept der Transkulturalität. So leiste Transkulturalität zwar einen Beitrag dazu, kulturelle Fassaden zu durchweben, doch könnten deren Fundamente nicht behauen werden. Mit Elms Worten verharrt das Konzept an der Oberfläche, denn „der Transkulturalitätsansatz vermag *nicht* die kulturellen Tiefenstrukturen und Grundorientierungen zu erfassen" (Elm 2001: 14; Herv. im Orig.).

Abschließend sei ein – zugegebenermaßen – idealistischer Gedanke formuliert. Nach diesem geht es letztlich nicht allein darum, kulturelle Andersheit salonfähig zu machen. Denn hierbei wird Diversität noch immer aus der Perspektive einer – nun toleranten – kulturellen Mehrheit gesehen. Vielmehr muss das Handeln und Denken in einer Gesellschaft vom Konzept exakt definierter Kulturen losgelöst werden. Hybridität und Transkulturalität machen dann ein Streben nach Anerkennung hinfällig, da infolge fluider kultureller Grenzen nicht mehr bestimmt werden kann, welche Normen, Werte und Handlungsmuster einer kulturellen Minderheit zuzuordnen und damit von der Mehrheit anzuerkennen sind.

## Literatur

Benz, Wolfgang (2013): Wie die Angst vor dem Islam die Demokratie gefährdet. Fehlende Kenntnisse über den Islam produzieren Vorurteile und Ablehnung. In: Zimmermann, Olaf/Geißler Theo (Hg.): Islam – Kultur – Politik. Berlin: Deutscher Kulturrat e.V., S. 61–63 (Nachdruck aus Politik & Kultur 1/2013).

Elm, Ralf (2001): Notwendigkeit, Aufgaben und Ansätze einer interkulturellen Philosophie. Grundbedingungen eines Dialogs der Kulturen. Bonn: Zentrum für Europäische Integrationsforschung. http://www.zei.uni-bonn.de/dateien/ discussion-paper/dp_c88_elm.pdf (zuletzt geprüft am 27.07.2016).

Farwick, Andreas (2012): Segregation. In: Eckardt, Frank (Hg.): Handbuch Stadtsoziologie. Wiesbaden: Springer VS, S. 381–419.

---

4   Die Zitate sind einem Mitschrieb des erwähnten Vortrags entnommen. Für die exakten Quellenbelege sei auf Horáková-Hirschlerová (2014) verwiesen.

Häußermann, Hartmut/Kapphan, Andreas (2004): Berlin: Ausgrenzungsprozesse in einer europäischen Stadt. In: Häußermann, Hartmut/Kronauer, Martin/ Siebel, Walter (Hg.): An den Rändern der Städte. Armut und Ausgrenzung. Frankfurt am Main: Suhrkamp, S. 203–234.

Horáková-Hirschlerová, Nicole (2014): «Sozialschwache», «blutrünstige Meute», «Zigeuner-Phänomen». Zur rassistischen Darstellung von Roma in tschechischen Medien, analysiert an zwei aktuellen Fällen. In: Schär, Bernhard C./Ziegler, Béatrice (Hg.): Antiziganismus in der Schweiz und in Europa. Geschichte, Kontinuitäten und Reflexionen. Zürich: Chronos, S. 111–122.

Yousefi, Hamid Reza/Braun, Ina (2011): Interkulturalität. Eine interdisziplinäre Einführung. Darmstadt: WBG.

Katalin Nyers und Anna Mezei

Pädagogische Hochschule Ludwigsburg (Deutschland)

# Die Sendungen von Ungarndeutschen über Ungarndeutsche für Ungarndeutsche – ein Gespräch

Im Frühjahr 2016 haben wir uns mit Frau Eva Gerner, der Chefredakteurin der einzigen ungarndeutschen Fernsehsendung verabredet. Wir haben uns in der ungarndeutschen Rundfunk- und Fernsehredaktion in Fünfkirchen (Pécs) getroffen. Man sieht sich, man kennt sich von verschiedenen Nationalitäten-Veranstaltungen, doch noch nie hatten wir die Gelegenheit so tief in das Thema *Minderheiten und Medien* einzutauchen.

Schon nach der Begrüßung hat sie uns mit ihrer Offenheit überwältigt.

Gerner: Wenn Studierende sich dafür interessieren, dann muss man die Tür immer öffnen und die Möglichkeit einräumen. Das ist auch im Interesse der Sendungen und im Interesse der ungarndeutschen Presse, so kommt die ungarndeutsche Presse mehr in die Öffentlichkeit. Und das ist unser Ziel, wir arbeiten nicht nur für die Regale der Archive – dafür auch, denn unser Archiv ist sehr reich an Dokumenten, Filmdokumenten, Tonaufzeichnungen und so weiter – aber wir arbeiten in erster Linie für unser Publikum, für die Zuhörer und Zuschauer, für euch.

Nyers/Mezei: Diese Arbeit schätzen wir wirklich sehr! Könnten Sie ihre Arbeit und sich ein bisschen näher vorstellen?

Gerner: Ja, also, ich arbeite jetzt in der Rundfunk- und Fernsehredaktion, in der ungarndeutschen Rundfunk- und Fernsehredaktion von MTVA. Es ist nämlich so, dass die Orbán-Regierung, nicht in dieser Regierungsperiode, sondern in der vorangehenden, die öffentlichen Medien vereint hat. Früher waren das selbstständige Firmen, vier selbständige Firmen: der ungarische Rundfunk, das ungarische Fernsehen – dort habe ich ursprünglich gearbeitet, MTV (Magyar Televízió, das ungarische Fernsehen), dann die Nachrichten Agentur MTI (Magyar Távirati Iroda, Nachrichten Agentur, vergleichbar mit Reuters) und Duna TV war auch eine selbständige Fernsehanstalt, und diese vier, alle vier, waren öffentlich-rechtlich (ungarisch: közszolgálati) und die Regierung wollte das unter ein Dach bringen. Und so sind also vier Aktiengesellschaften (ZRT) entstanden, und eine riesengroße Firma, die auf Bestellung dieser vier Aktiengesellschaften arbeitet, also Duna hat eine ZRT, Magyar Televízió hat ein ZRT Magyar Rádió und auch die Nachrichten Agentur, und die bestellen die Sendungen. Durchgeführt und realisiert werden die Sendungen von einer der Firma *MTVA* (*Mediaszolgáltatás-támogató és Vagyonkezelő Alap*). Ich bin Angestellte von *MTVA*, von dieser großen Firma, und innerhalb von *MTVA* arbeite ich zurzeit seit 2011. Ich bin Redakteurin und Reporterin, Mädchen für alles … In erster Linie mache ich Fernsehen, weil das mein ursprünglicher Bereich ist, mein ursprüngliches Spezialgebiet.

Nyers/Mezei: Bedeutet das, dass sie auch in anderen Bereichen tätig sind?

Gerner: Ich mache in erster Linie die Fernsehsendungen zu 80 %, dafür mache ich weniger Rundfunk, so im Alltag nur ab und zu, nur die *Wunschkonzerte*, die muss ich mitmachen, weil das mit viel Arbeit verbunden ist, besonders bei großen Namenstagen so wie Anna, Katarina, … Da hat man viel zu tun, bis man die Wünsche bearbeitet und verarbeitet. Das ist also sehr demokratisch verteilt unter den Redakteuren, die hier arbeiten. Wir produzieren täglich zwei Stunden Radiosendung, jeden Wochentag *Treffpunkt am Vormittag*, das ist unsere Radiosendung, jeden Tag zwischen 10 und 11 am Vormittag. Es gibt einen Nationalitätensender des ungarischen Rundfunks, früher hieß das *MR4*, jetzt hat man sich das irgendwie abgewöhnt, früher hieß *Kossuth Rádió* auch *MR1*, *Petőfi MR2*. Dort senden wir. Leider ist das ein Mittelwellensender, was im 21. Jahrhundert total überholt ist, aber wir kriegen leider keine andere Frequenz.

Die ungarndeutschen Rundfunksendungen, die werden dieses Jahr 60 Jahre alt, das heißt die Rundfunksendung die gehört zu – wie soll ich sagen – zum ersten Aufatmen nach der Vertreibung. Diese war 1948 abgeschlossen, dann hieß es ungefährzehn Jahre lang nur kein Deutscher zu sein, nicht Deutsch sprechen, keine deutschen Wurzeln zu haben, keine deutsche Familie, alles geleugnet, alles, als würde es nicht existieren, oder als hätte es das früher nicht gegeben. Dann, Mitte der 50er Jahre, bricht das Eis. Dann kommt das erste große Aufatmen für die Ungarndeutschen, dazu gehört die Gründung der Hochschule, die der Universität, der deutsche Lehrstuhl, und dazu gehören auch die ersten deutschen Gymnasien, (Löwey in Fünfkirchen, in Baja und in Budapest) und dazu gehört auch der deutschsprachige Rundfunk.

Nyers/Mezei: Und die Fernsehsendungen?

Gerner: Die Fernsehsendungen sind wesentlich jünger, die Fernsehredaktion ist 1978 entstanden. Die *Unser Bildschirm*-Redaktion ist landesweit seit der Gründung. Allerdings war das ursprünglich zusammen mit den Serbokroaten, damals hieß es noch Jugoslawien. Und dementsprechend war die deutsche Sendung eine gemeinsame Sendung mit der serbokroatischen Redaktion. Dann wurden später die beiden getrennt, danach sind auch die anderen Nationalitätenprogramme entstanden, und so weiter. Heute sind wir eine Wochensendung, damals war es monatlich einmal, oder alle vier Wochen einmal, und dann vielleict Sonderausgaben, und so weiter. Seit 1993 machen wir eine Wochensendung; 26 Minuten, warum gerade 26 weiß ich nicht, das waren schon mal 20 dann schon mal 30, jetzt sind wir aber schon seit Jahren bei 26. Jede Woche senden wir eine neue Ausgabe immer dienstags, es ist nämlich eingeteilt. Es gibt 8 Sendungen für die Nationalitäten beim öffentlich-rechtlichen Fernsehen, und am Montag senden die Slowaken und die Roma und am Dienstag kommen die Serben und die Deutschen, jeden Tag zwei Redaktionen. Die aktuellen Sendezeiten sind einmal am Morgen kurz vor acht, keine gute Sendezeit. Im Duna TV kommen wir kurz vor acht, um 7:50 Uhr. Die Wiederholungen sind besser geworden, die sind vor kurzem erst verlegt worden auf den Nachmittag. Duna World bringt die Wiederholungen zwischen 17 und 18 Uhr. *Unser Bildschirm* ist natürlich auch im Internet zu erreichen: bei Mediaklick. Die Sendungen sind dort sechs Monate, frühere Sendungen kann man auch bei Nava (Nationalarchiv) finden, das ist allerdings etwas schwieriger.

Nyers/Mezei: Wie sieht denn der Produktionsprozess von einer Sendung aus? Was ist ihre Aufgabe dabei?

Gerner: Hmm, eigentlich fast alles. Organisation: ich finde das Thema, ich organisiere die Dreharbeiten, die Termine und so, ich disponiere ein Team, ich fahre mit dem Team hin, und drehe das entsprechende Thema. Dann muss ich das skripten, denn wir haben nur einen Cutter. Ich kann also nicht bei ihm anfangen, alles anzuschauen. Ich skripte zuerst das gedrehte Material, die Reportagen. *Unser Bildschirm* ist keine Nachrichtensendung. Zu meiner journalistischen Philosophie gehört, dass ich denke, wenn die Sendung nur einmal wöchentlich kommt, dann sollen eher Themen etwas ausführlicher behandelt werden, mit Hintergrundgeschichten, mit vielen Gesichtern die dazu gehören, die zum Thema gehören. Nachrichten bringen wir in der Tagessendung. Ich habe zwei Argumente dafür, einmal die Tagessendung, die Rundfunksendung wird täglich gesendet, da bringen wir tatsächlich frische Nachrichten, die ungarndeutschen Programme, die ungarndeutschen Ereignisse, Reportagen und so weiter. *Unser Bildschirm* macht längere, langatmigere Beiträge, wo genannte Themen, Persönlichkeiten, Ereignisse, auch Aktuelles natürlich etwas ausführlicher behandelt werden in 5, 6, 7, manchmal sogar 10, Minuten. Aber manchmal widmen wir einem Thema eine ganze Sendung. Und dann sagen wir, wir machen eine thematische, eine thematisierte Sendung, das kommt auch vor. Und so arbeiten wir viel mehr für das Archiv, damit wir Werte retten, zeigen und aufbewahren. Das gehört auch zu meiner journalistischen Philosophie. So suche ich also die Themen, und dann werden die Beiträge geschnitten, dann werden Moderationen dazu geschrieben. Das ist eine ganz normale Magazinsendung, mit Moderation: die Zuschauer werden begrüßt, es wird das Themenangebot in einer Headline gezeigt, dann moderieren wir die einzelnen Themen, und dann zeigen wir eben die Beiträge. Die Beiträge kommen mit ungarischem Untertitel, damit sie auch – das ist uns vorgeschrieben, das ist nicht unsere Entscheidung – für die Mehrheit verständlich sind. Also das ist die offizielle Erklärung, dahinter steckt aber auch ganz bestimmt eine gewisse Kontrolle. Wir fahren mit kleinen Teams, wir arbeiten mit moderner Technik. Als ich vor 32 Jahren angefangen habe, sind wir noch mit einem Kleinbus hingefahren, 7–8 Personen. Heute sind das drei Personen. Manchmal wenn sich das Thema so ergibt, dann natürlich auch mit mehreren Kameras. Aber wir haben ja gar nicht so viel Personal, wir haben im Regelfall einen Kameramann, einen Techniker und einen Reporter.

Nyers/Mezei: Welche sind die Zielgruppen der Sendung?

Gerner: Unsere Zielgruppe sind die Ungarndeutschen. Johan Wohlfahrt, er war der gründende Redakteur dieser ganzen Sendung, hat mal gesagt „Wir machen eine Sendung für die Ungarndeutschen über die Ungarndeutschen unter der Mitwirkung der Ungarndeutschen." Natürlich schließen wir die Türen nicht, ich habe schon die ungarischen Untertitel erwähnt, und wenn jemand ungarisch spricht, dann mit Deutschen. Es ist auch eine sehr schwierige Frage, nicht nur für die junge Generation, für die alte Generation, meinetwegen für die Intellektuellen, aber auch für die Dorfbevölkerung und so weiter. Das ist natürlich eine sehr schwere Aufgabe, allen gerecht zu werden, und in 26 Minuten erst recht.

Nyers/Mezei: Arbeitet die Redaktion mit anderen ungarndeutschen Organisationen, wie zum Beispiel GJU (Gemeinschaft Junger Ungarndeutschen) oder LDU (Landesselbstverwaltung der Ungarndeutschen) zusammen?

Gerner: Wir arbeiten mit allen ungarndeutschen Organisationen zusammen, wir streben einen guten Kontakt an. Ein Journalist lebt von guten Kontakten. Man merkt auch mittlerweile wo man gute Kontakte hat, auch zu ungarndeutschen Dörfern, wo man schon einmal gewesen ist. Wir haben natürlich sehr gute Kontakte zur Landesselbstverwaltung. Wir arbeiten sehr eng zusammen. Auch mit der *Neuen Zeitung* (ungarndeutsches Wochenblatt) pflegen wir hervorragende Kontakte. Wir werben auch für einander. Wir haben eine sehr gute Beziehung zum Ungarndeutschen Kultur- und Informationszentrum. Da schicke ich zum Beispiel auch jede Woche Bilder hin, sie stellen das online auf ihre Webseite. Sie haben sehr viele Besucher auf ihren Webseiten, dort können die Leute aktuell sehen, wann morgen *Unser Bildschirm* kommt und welche Themen, und zu den Themen schicke ich dann auch ein paar Fotos. Auch zur GJU haben wir gute Kontakte, ich habe familiäre Kontakte, weil meine Nichte dort die Chefin ist. Aber auch Kristina Arnold meine Kollegin, die beinahe 20 Jahre jünger ist als ich, sie war auch GJUlerin, sie betreut meistens diesen Bereich. Wir arbeiten also mit allen ungarndeutschen Organisationen, aber auch mit anderen, zusammen. Davon leben wir.

Nyers/Mezei: Und zuletzt, was denken Sie, wie präsent sind die Ungarndeutschen in den Medien allgemein?

Gerner: Allgemein sehr wenig! Wie soll ich das sagen, das ist in der ungarischen Politik, der ungarischen Nationalpolitik eine Schattenerscheinung, eine Nebensache. Obwohl sich einiges geändert hat, das muss man sagen. Wenn man sich jetzt überlegt, dass wir einen Sprecher im Parlament haben, obwohl die Ungarndeutschen fest davon überzeugt waren, dass sie einen Abgeordneten ins Parlament schicken können. Das ist leider nicht gelungen. Das zeigt auch nur, dass die Landesselbstverwaltung und alle Kanäle und so weiter die Ungarndeutschen nicht genügend ansprechen können. Wir haben jetzt einen Sprecher, Imre Ritter. Der hat schon einiges erreicht. Also es hat sich einiges geändert. Trotzdem werden die Nationalitäten immer noch als Nebensache behandelt. So ist es auch in der Presse ein bisschen, das zeigt auch unsere Einordnung in die Sendestruktur, die Sendezeiten. Da hat sich Ritter auch sehr eingesetzt. Aber man muss sagen, das war ein Teufelskreis, es wurde gesagt, die Sendung hätte eine zu niedrige Einschaltquote – ahhh bitte … Ich bin um sieben in der früh auf Sendung da guckt doch kein Mensch Fernsehen. Das geht nicht, man beruft sich auf die Einschaltquoten. Ich glaube, wir haben immer noch nicht den Platz, der uns gebührt, aber es hat sich einiges geändert. In eine positive Richtung.

Nyers/Mezei: Herzlichen Dank für diese Einblicke und das Gespräch.

Sophia Steinort

Pädagogische Hochschule Ludwigsburg (Deutschland)

# Die Siebenbürger Sachsen und die Donauschwaben – ein Überblick über Ursprung und Geschichte der deutschen Minderheiten im Donauraum

## 1. Einleitung

In der Auseinandersetzung mit den verschiedenen Ländern des Donauraumes und ihren Minderheiten stößt man unausweichlich auf Kulturkreise, die in den letzten Jahrhunderten stark durch Menschen verschiedenster Herkunft geprägt wurden. Zu einem von ihnen gehören die deutschen Minderheiten im Donauraum. Man kennt sie u.a. unter den Bezeichnungen *Donauschwaben* und *Siebenbürger Sachsen*.

Im folgenden Beitrag soll ein kurzer Überblick darüber gegeben werden, wie diese Minderheiten entstanden und aus welchen Gründen und zu welchen Zeiten Deutsche in den vergangenen Jahrhunderten im Donauraum siedelten. Dazu werden nach einer kurzen Zusammenfassung der Vordonauschwäbischen Entwicklung die verschiedenen Schwabenzüge beschrieben. Die Karte am Ende des Beitrages veranschaulicht die Siedlungsgebiete der *Donauschwaben* genauer.

## 2. Vordonauschwäbische Entwicklung

Nach Senz umfasst der Begriff *Donauschwaben* alle eingewanderten westeuropäischen Kolonisten, die nach der Vertreibung der Türken im 17. und 18. Jahrhundert im Gebiet des *Pannonischen Beckens* siedelten (vgl. Senz 1987). Das *Pannonische Becken* umschreibt eine Siedlungsregion bestehend aus Teilen des heutigen Ungarns, Kroatiens, Serbiens und Rumäniens. Die Ansiedlung Deutscher außerhalb des deutschen Sprachraumes begann jedoch nicht erst zu dieser Zeit, sondern bereits im Mittelalter (vgl. Gündisch et al. 1987). Schon im 6. Jahrhundert siedelten bayrische Mönche und Bauern bis an die Raab, doch die Missionierung und Kolonialisierung der slawischen, dünn besiedelten Gebiete im Donauraum wurde erst unter Karl dem Großen möglich (vgl. Ebd.). Besonders die Herausbildung des christlichen Königreiches Ungarn zu Beginn des 11. Jahrhunderts unter Stephan I. (997–1038) hat die Siedlung der Deutschen in das damalige Königreich verstärkt, denn er heiratete Gisela, die Schwester Karl Heinrichs II., die in ihrem Gefolge deutsche Ritter, Mönche und Bauern in das Königreich brachte (vgl. Ebd.). Diese Entwicklung trieb auch Geisa II. (1141–1161) weiter voran. Er holte Siedler aus dem Rheinland, aus Moselfranken, Flandern, Luxemburg, Thüringen, Niedersachsen und anderen Gebieten des deutschen Reiches und siedelte sie am Karpatenbogen an, damit die „Gäste" ihre Sprachen, Sitten, Lehren und Waffen mitbrachten (vgl. Sangalli 1849 zitiert nach: Gündisch et al. 1987).

So entstanden die zwei bedeutendsten und bis heute bekannten südostdeutschen Siedlergruppen des Mittelalters, die *Zipser* und die *Siebenbürger Sachsen* (vgl. Gündisch et al. 1987). Letztere erschlossen die ihnen zugewiesenen Gebiete in den zwei folgenden Jahrhunderten wirtschaftlich. Sie brachten neue Agrartechniken und trieben den Untertagebau mit voran.

Außerdem schlossen sich viele deutsche Siedlungen zu deutschen Gebietskörperschaften zusammen. Viele dieser deutschen Regionen konnten bis in das 19. Jahrhundert eine gewisse Selbständigkeit behalten (vgl. Ebd.). Durch die Abwanderung der Siedler in die Städte, durch Hunger, die Pest und andere Seuchen ging der weitere Landesausbau in Südosteuropa Mitte des 14. Jahrhunderts stark zurück. Die Angriffe der Osmanischen Türken, die zu dieser Zeit begannen, führten dagegen zum Aufbau und zur Aufrüstung der deutschen Städte.

Selten waren die ungarischen Könige in den folgenden zwei Jahrhunderten in der Lage, sich gegen die osmanischen Türken durchzusetzen. So wurden viele österreichische und ungarische Gebiete bis ins 17. Jahrhundert von den Türken besetzt (vgl. Ebd.). Indirekt verstärkt wurden deren Angriffe durch die Reformation der Zipser- und Siebenbürgergebiete im 16. Jahrhundert. 1683 gelang es dem kaiserlichen Heer schließlich, die osmanischen Besatzer in Wien zu besiegen und die Türken in mehrjährigen Kämpfen aus dem Donauraum zu vertreiben (vgl. Ebd.). Der gesamte mittlere Donauraum wurde Teil des Habsburgerreiches. Gündisch et al. betonen hierbei, dass erst durch die Verdrängung der Osmanischen Türken die Voraussetzung für die Wiederaufnahme deutscher Kolonisation im südosteuropäischen Raum wieder möglich wurde (vgl. Ebd.).

## 3. Die drei Schwabenzüge

Die Gründe für die weitere Umsiedlung von Deutschen nach Südosteuropa ab dem 17. Jahrhundert waren vielseitig. Einer dieser Gründe waren militärische Überlegungen. Zur Sicherung des Landes sollten ungarische Festungen mit deutschen Soldaten besetzt werden und so bildeten sich daraus allmählich städtisch-bürgerliche Gesellschaften (vgl. Ebd.).

Die Hauptinitiative ergriffen jedoch die geistlichen und weltlichen Grundher-
ren noch während des Krieges, denn ihnen fehlten die nötigen Arbeitskräfte für
die neueroberten Gebiete. Kaiser Karl VI. wurde von den ungarischen Städten ge-
beten, deutsche Bauern und Handwerker zur Übersiedlung in die brachliegenden
Gebiete zu bewegen (vgl. Ebd.). In drei großen Etappen, den *Schwabenzügen*,
kamen so die Schwaben in den Donauraum.

## 3.1 Unter Kaiser Karl VI.

Im ersten Schwabenzug (1723–1726) überwogen noch die schwäbischen Zuwan-
derer, die den Zügen ihren Namen gaben. Erst später sind Siedler aus anderen Teilen Deutschlands in den Donauraum abgewandert (vgl. Senz 1987). Die *Schwaben*
wurden vor allem im *Banat* angesiedelt, das heutige Teile Ungarns, Serbiens und
Rumäniens umfasst. Mit den deutschen Kolonisten wurde dort die wirtschaftliche
Erschließung eingeleitet und der Ackerbau möglich gemacht. Ebenfalls trieben
sie den Kupfer-, Eisen-, Silber- und Steinkohleabbau im Banater Bergland voran.
Viele der Kolonisten dieses ersten *Schwabenzuges* fielen jedoch Seuchen zum
Opfer oder flohen während des *Türkenkrieges* (vgl. Gündisch et al. 1987).

## 3.2 Unter Maria Theresia

Während der Regierungszeit der österreichischen Kaiserin Maria Theresia (1740–
1780) wandelte sich die Bedeutung und Funktion der bisherigen Siedlungsgebiete, *Siebenbürgen* und dem *Banat*. So wurden die Gebiete von der Kaiserin
zuerst als Deportationsländer für Landstreicher, Dirnen, Protestanten, preußische
Kriegsgefangene und Deserteure genutzt. Diese wurden u.a. im so genannten
*Temeschburger Wasserzug* (1744–1768) in die protestantischen Regionen Südosteuropas umgesiedelt (vgl. Ebd.). Erst ab 1763 nahm die Kaiserin die Ansiedlungs-
politik wieder auf und begann auch, Deutsche in andere, zu Österreich gehörende
Regionen Südosteuropas umzusiedeln, so z.B. nach Galizien (heutige Region der
Ukraine) und in die Bukowina (südl. Rumänien und nördl. Ukraine). Nach Galizien zogen besonders Kaufleute, Geistliche und Ärzte, in die Bukowina hingegen
kamen besonders Bauern, Handwerker und Kaufleute (vgl. Ebd.).

## 3.3 Unter Joseph II.

Der dritte Schwabenzug bewegte sich zwischen 1782 und 1787 nach Südosteuropa, da Kaiser Joseph den Siedlern in seinem Ansiedlungspatent erstmals eine
vollkommene Religions- und Gewissensfreiheit einräumte. Zum einen wuchs die
Bevölkerung der Südosteuropäischen Siedlungsgebiete durch diese Maßnahmen

sehr stark an und zum anderen führte diese auch zu einer starken Binnenbewegung der Siedler innerhalb der Regionen (vgl. Ebd.).

## 4. Die Siedlung der Deutschen ab 1800

Im 19. Jahrhundert ebbten die Siedlerzüge nach Südosteuropa vollständig ab. Einige Deutschböhmen zogen noch in das Banaterland und als Bosnien-Herzegowina 1878 von Österreich-Ungarn annektiert wurde, kam es zu einem letzten Zug deutscher Siedler in diesen Raum (vgl. Ebd.). Von diesem Zeitpunkt an gab es hauptsächlich berufliche Migration, bei der deutsche Wissenschaftler, Techniker, Kaufleute und Militärs in den südosteuropäischen Raum zogen.

## 5. Deutsche Siedlungsbewegungen

Die Karte zeigt die Siedlungsbewegungen und -regionen der deutschen Minderheiten in Südosteuropa zwischen 1723 und 1787.

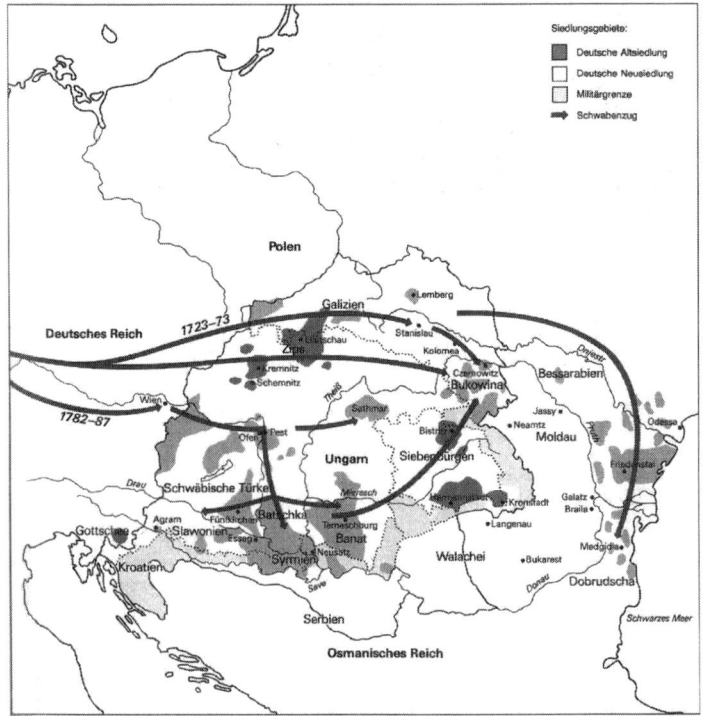

(Quelle: Gündisch et al. 1987: 39)

## 6. Schluss

Seit Ende des II. Weltkrieges gibt es Rückkehrbewegungen von Vertriebenen und Geflüchteten und auch heute noch kommen Donauschwaben als Aussiedler zurück nach Deutschland. Um diese Rückkehrbewegungen zu verstehen, ist es notwendig, die Geschichte der deutschen Minderheiten im südosteuropäischen Raum zu kennen. Auch kann dieses Wissen dabei helfen, das starke Festhalten vieler Minderheiten im Donauraum an deutschen Traditionen und ihre ausgeprägte Identifikation mit der deutschen Sprache und Kultur zu verstehen.

## 7. Literatur

Gündisch, Konrad G. et al. (Hg.): (1987): Die Donauschwaben. Deutsche Siedlung in Südosteuropa. Stuttgart: Innenministerium Baden-Württemberg und Jan Thorbeck.

Senz, Josef V. (1987): Geschichte der Donauschwaben. Von den Anfängen bis zur Gegenwart. München: Donauschwäbische Kulturstiftung.

# Die Herausgeberinnen und Herausgeber

**Viktoria Ilse** ist Deutsch als Fremdsprachlerin und Hungarologin, sie promovierte zu Wirtschaftsdeutsch in Ungarn an der *TU Berlin*. Sie war DAAD-Lektorin (Ungarn) und arbeitet an der *Pädagogischen Hochschule Ludwigsburg* zu *Deutsch als Zweitsprache in allen Fächern*.

**Indira Suresh** ist ehemalige DAAD-Lektorin (Ecuador). Als Akademische Mitarbeiterin im Bereich Deutsch als Fremd- und Zweitsprache lehrt und forscht sie an der *Pädagogischen Hochschule Ludwigsburg*.

**Marco Winkler** hat Germanistische Linguistik und Philosophie an der Humboldt-Universität zu Berlin studiert. Er war Lektor in Ungarn und ist DAAD-Lektor am Lehrstuhl für Germanistik der *Universität Ostrava* (Tschechische Republik).

# Die Autorinnen und Autoren

**Karl-Heinz Aschenbrenner** ist Diplompädagoge und Grund- und Hauptschullehrer. Er arbeitet als Akademischer Mitarbeiter im Sprachdidaktischen Zentrum und in der Abteilung Deutsch der *Pädagogischen Hochschule Ludwigsburg*. Seine Arbeitsschwerpunkte sind die Didaktik des Faches Deutsch, Deutsch als Zweitsprache, Mehrsprachigkeit und Interkulturelle Erziehung. Seit 2014 kooperiert er im Rahmen des Erasmusprogramms mit dem Studiengang *Grund- und Vorschulpädagogik in deutscher Sprache* der *Lucian Blaga Universität* (Hermannstadt/ Sibiu, Rumänien).

**Nicole Horáková**, Dr., hat Geschichtswissenschaften, Slawistik, Pädagogik und Soziologie in Mainz und Berlin (BRD) studiert und war Stipendiatin der Robert-Bosch-Stiftung, des DAAD und des Instituts für Europäische Geschichte der *Johannes-Gutenberg-Universität* in Mainz. Sie promovierte am DFG-Graduiertenkolleg der *Universität Osnabrück* zu *Migration im modernen Europa* und ist Leiterin des Lehrstuhls für Soziologie an der Philosophischen Fakultät der *Universität Ostrava* (Tschechische Republik). Hier unterrichtet sie allgemeine Soziologie, Migrationssoziologie und beschäftigt sich mit der Problematik der Zivilgesellschaft sowie den neuen Medien aus soziologischer Sicht.

**Liana Regina Iunesch**, Dr., ist Absolventin des Pädagogischen Lyzeums in Hermannstadt/ Sibiu, Rumänien. Sie verfügt über Lehrerfahrung an einer Schule mit deutscher Unterrichtssprache. Nach dem Studium der Germanistik und Anglistik an der *Lucian Blaga Universität* (Hermannstadt/Sibiu, Rumänien), und einem DaF-Masterstudium in Kassel promovierte sie an der *Universität Bukarest* zur *DaF-Methodik in der Lehrerausbildung für die Primarstufe der deutschen Abteilungen in Rumänien*. Zurzeit lehrt sie als Dozentin im Studiengang zur Ausbildung von LehrerInnen und ErzieherInnen für den Primar- und Vorschulbereich mit deutscher Unterrichtssprache an der *Lucian Blaga Universität* (Hermannstadt/ Sibiu, Rumänien).

**Krisztina Kemény-Gombkötő** kommt aus einer ungarndeutschen Familie. Sie hat an der *Universität Pécs* (Ungarn) Germanistik studiert und sich in ihrer Diplomarbeit mit der Identität der vertriebenen Ungarndeutschen beschäftigt. Aktuell unterrichtet sie an der Pädagogischen Fakultät der *Eötvös József Hochschule* in Baja (Ungarn). Im Rahmen ihrer Forschungen befasst sie sich mit den

Bereichen Fremdspracherwerb und Zweisprachigkeit. Zurzeit promoviert sie zu diesem Themenbereich.

**Simona Eugenia Keresztes**, Dr., ist Absolventin des *National Pädagogischen Kollegs* Hermannstadt/Sibiu, Rumänien. Sie schloss ihr Studium der Philologie (Fachrichtung Deutsch-Englisch) an der *Lucian Blaga Universität* (Hermannstadt/Sibiu, Rumänien) ab. Im Jahr 2013 promovierte sie mit einer Studie über *Frühkindliche Zweisprachigkeit an deutschsprachigen Kindergärten in Rumänien*. Von 2000 bis 2015 war sie im Kindergartenbereich als Erzieherin und Referentin für den Kindergarten im Rahmen des *Zentrums für Lehrerfortbildung* Mediasch (Rumänien) tätig. Seit Herbst 2015 ist sie Grundschullehrerin am *Nationalkolleg Octavian Goga* Hermannstadt/Sibiu, Rumänien, und externe Mitarbeiterin im Rahmen des Hermannstädter Studiengangs *Grundschul- und Vorschulpädagogik* an der *Lucian Blaga Universität*.

**Adelheid Manz**, Dr., ist Diplompädagogin für die Klassen 9–12 in deutscher Sprache und Literatur und Diplompädagogin für die Klassen 5–8 in Deutsch und Geographie. Sie leitet seit 2005 das Institut für Nationalitäten- und Fremdsprachen der *Eötvös József Hochschule Baja* (Südungarn). Ihre Arbeitsschwerpunkte sind Didaktik des Faches Deutsch als Fremdsprache, als Minderheitensprache, Zweisprachigkeit, Interkulturelle Erziehung, Sprachgebrauch und Varietäten. Sie ist zuständig für die Aus- und Fortbildung von deutschen Nationalitäten-Grundschullehrern und Kindergartenpädagogen.

**Éva Márkus**, Dr. habil., unterrichtet als Universitätsdozentin an der Fakultät für Erzieher- und Grundschullehrerbildung der *Eötvös Loránd Universität* Budapest (ELTE TÓK). Seit 2007 leitet sie den Lehrstuhl für Minderheiten- und Fremdsprachen. Ihre Forschungsgebiete sind Dialektologie und deutsche Mundarten in Ungarn und sie nimmt am Projekt *Wörterbuch Ungarndeutscher Mundarten* teil. 2013 habilitierte sie an der ELTE TÓK mit der Habilitationsschrift: *Die deutsche Mundart von Deutschpilsen/Nagybörzsöny*.

**Alina Moldovan**, Dr., lehrt an der *Lucian Blaga Universität* (Hermannstadt/Sibiu, Rumänien) und ist Theaterpädagogin und Puppenspielerin am *Kinder- und Jugendtheater Gong*. Ihr Arbeitsschwerpunkt ist Theaterpädagogik. Nach dem Studium der Schauspielkunst arbeitete sie auch als Schauspielerin für Film und Bühne. Sie ist seit mehreren Jahren als Gastschauspielerin an der Deutschen Abteilung des *Nationaltheaters Radu Stanca* in Hermannstadt. Nach dem Abschluss des Masterstudiengangs *Germanistische Interkulturelle Europastudien* (ihr Fokus:

Marketing in Kulturinstitutionen) promovierte sie zu allen Aspekten der Theaterpädagogik.

**Teréz Radvai** ist Universitätsdozentin am Lehrstuhl für Minderheiten- und Fremdsprachen der Fakultät für Erzieher- und Grundschullehrerbildung der *Eötvös Loránd Universität* Budapest. Sie ist für die Didaktikseminare und für das Schulpraktikum der DaF- und DaM-Studierenden zuständig. Zu ihren Spezialgebieten gehören deutschsprachige Kinderliteratur, früher Fremdsprachenerwerb und Zwei-/Mehrsprachigkeit. Ihr Promotionsstudium hat sie an der Pädagogischen Fakultät der ELTE Budapest absolviert.

### Studierende und Gaststudierende der Pädagogischen Hochschule Ludwigsburg

Helena Frick
Katja Ibrahim
Tatjana Ilic
Marina Krawtschenko
Sebastian Kuppel
Anna Mezei
Katalin Nyers
Sophia Steinort